ERNESTO _____

LAPO GIANNI

(CONTRIBUTO ALLA STORIA LETTERARIA DEL SECOLO XIII)

BOLOGNA

TIPOGRAFIA FAVA E GARAGNANI

1885

I.

Accingendomi a studiare i tempi e le opere di questo insigne rimatore dugentista, in cui, forse meglio che negli altri toscani, si riscontra l'efficace svolgimento della lirica, che dalla filosofia del Guinicelli condusse all'arte somma di Dante, non posso nascondere le difficoltà cui vado incontro, le contraddizioni che mi si affacciano. Giacchè, diciamolo subito dal bel principio, in questo frequente succedersi di studi sui primi secoli, e nelle polemiche sulle scuole letterarie, non s'è ancora pensato a studiare i graduati svolgimenti della lirica, che dai Siciliani passò ai Bolognesi e da questi ai Toscani, e perfino Adolfo Bartoli, così dotto e diligente negli studi dei primi due secoli, pare che sfugga da questo esame critico, limitandosi ad accennare, non a studiare lo svolgimento della lirica (1).

---

(1) Il **Bartoli** nella *Storia della letteratura* (Vol. III. e IV) poco si cura dello svolgimento letterario, per darsi tutto alla critica dei testi e degli autori. Non così però nei *Primi due secoli*, dei quali è a vedersi il Cap. V, *Letteratura nell'Italia di mezzo*.

Io credo che quando noi esaminiamo tutta la lirica del primo secolo, considerata come un continuo svolgimento, possiamo renderci ragione del perchè questa raggiungesse la massima pulitezza di forma in Toscana, e così, segnato il principio dagli echi trobadorici dei Siciliani, cui più tardi Guittone d'Arezzo e Jacopone da Todi innestarono, il primo la sottile considerazione, quantunque fredda e compassata, degli affetti; l'altro l'entusiasmo d'un'anima rapita ai mistici affetti della religione e della fede, e passando ai vivi guizzi di luce che la scuola bolognese spandeva in tutti i suoi versi, cui s'aggiungeva alla strofe, qualche volta contorta, del Guinicellí, il sentimento fine ed elegante d'Onesto, giungeremo a spiegarci, come il periodo toscano potesse dar opera a quella raffinatezza di contenuto e di forma, schiudere il passo e preparare cioè tutta l'opera del Cavalcanti e di Dante.

Necessario ammettere quindi un continuo progresso artistico che seguì lo svolgersi della nascente poesia, allargandola in più libere forme, e togliendo da lei ciò che v'era di luoghi comuni e di scoria. Perciò le scuole letterarie, che si vorebbero mettere in quarantena, e sulle quali si è tanto discusso, stanno a mostrare le riforme introdotte nello svolgimento della lirica, e a stabilire certi giusti confini, che stanno fra la poesia provenzaleggiante, e l'eccellenza del *dolce stil novo*.

È nondimeno certissimo che se la scuola così detta *umbra* non si può ragionevolmente ammettere, perchè essa altro non fece che continuare una parte dell'opera che fu dei Siciliani, prima di Dante di due scuole dobbiamo tener conto: quella svoltasi sotto Federico II e signoreggiò per un tempo tutto il campo dell'arte, preparando Guittone; l'altra svoltasi in Bologna ed estesa poscia in Toscana, abbracciando ed ispirando tutto il rivolgimento artistico compito dal Cavalcanti da Cino e dall'Allighieri (1).

Male quindi, a mio modo di vedere, e ingiustamente, si vorrebbe astringere la scuola bolognese a quei pochi, fioriti in quella città che seguirono il Guinicelli, ma bensì si deve allargare a tutti coloro che parteciparono del movimento artistico del bolognese, così come siciliana fu detta non soltanto quella scuola che fiorì sotto gli Svevi in Sicilia, ma altresì comprese quella bella schiera di rimatori che si congiunsero a Guittone d'Arezzo (2). Chè se l'obbiezione d'alcuno fosse mai che i bolognesi non formano scuola, perchè l'arte loro non si rinnovò in mezzo ai rumori delle corti, voglio che si consideri come il Guinicelli, Onesto e Semprebene, fiorirono ed anzi ebbero vita ed incremento dalla scienza che nella loro celebre università professavano, da quella scienza stessa che più tardi doveva schiudere loro tesori così grandi di poesia e di arte.

Anzi, recentemente, il Monaci, di cui è nota la massima competenza negli studi e nelle ricerche dei primi secoli, ha reso a Bologna giustizia, proclamando come nella sua celebre università nascessero le prime definizioni d'amore, da Pier delle Vigne, al Mostacci e a Jacopo

(1) La scuola bolognese fu negata dal **Casini**; (*Le rime dei poeti bolognesi del sec. XIII*, pag. XLIX e L) dal **Salvadori** (Fanfulla Domen. an. IV, n. 36) fu posta in quarantena. Io nel mio discorso sui rimatori bolognesi, inserito nel *Propugnatore* Vol. XVII, fas. 2° e 3°, mi provai a sostenerla, contro l'opinione del **Gaspary** (*Die sicilianische Dichterschule* ecc.).

(2) Questa è appunto l'opinione del **Gaspary**, che concorda con ciò che dice **Dante** nel *Volgare Eloquio*. Il libro del **Gaspary** non mi pare risponda interamente al bisogno che noi abbiamo di definire queste scuole, inquantochè egli poco studiò l'evoluzione portata in arte dal **Guinicelli** e da **Onesto**. Esprimo però un'opinione mia e nulla più.

da Lentino (1); dimostrando come i primordi della poesia italiana si debbano ricercare in Bologna, non già in
Palermo, che essendo essa *il focolare degli studi* d'Europa, in essa convenivano tutti coloro che davano opera
alle scienze fisiche, giuridiche e letterarie, e in quella
città che aveva avuto Lambertino de' Bualelli, e il Car-
dinale Ottaviano degli Ubaldini, nascevano le rime sulla
natura d'amore, e mezzo secolo dopo, per opera specialmente di Guido Guinicelli si riformò tutta l'arte.

Lo scritto del Monaci, che la dotta *Antologia* ha recentemente ospitato, merita una ben grande considerazione.
Anzitutto l'insigne uomo si propone di stabilire, con qualche probabilità, dove ebbe principio la poesia italiana, fa-
cendola risalire ai primi decenni del XIII secolo, quando
tutta l'Europa studiava nella dotta Bologna, e la sua celebre Università spandeva la propria fama dovunque: qui
la *gai saber*, qui gli ultimi riflessi della poesia trobado-
rica, qui infine le discussioni sulla natura d'amore. La seconda considerazione che il Monaci trae è questa: ammesso che le rime del primo secolo fossero scritte in Bologna, o da chi era uscito dalla Università bolognese, è
tolto di mezzo il dubbio che i primi versi fossero scritti in
siciliano e in pugliese, e poscia truccati all'italiana da rimatori toscani. Il Gaspary ed il Caix (2) giunsero ad altre
conclusioni: riconobbero nelle forme fonetiche e gram-
maticali alcuni elementi dialettali, riconoscendo l'elemento
toscano, in minori proporzioni di quello che s'era cre-

---

(1) Vedi: *Primordi della poesia italiana — Da Bologna a Palermo*
di **Ernesto Monaci,** estratto dalla *Nuova Antologia* (Giugno 1884). Il
nostro studio fu scritto prima della pubblicazione del **Monaci**, però di questa ci siamo grandemente serviti, rifacendo il nostro lavoro.

(2) **Gaspary** Op. cit. **Caix** *Le origini della lingua poetica italiana* ecc.

duto. Ora ammettendo che i siciliani che primi poetarono risentirono e ritennero la favella bolognese, è tolto di mezzo la questione suaccennata, e facilmente potremmo spiegarci il perchè degli elementi dialettali che vi si trovano. Rimarebbe il contrasto di Ciullo, di cui si contrasta ancora sul nome, ma Folcacchiero de' Folcacchieri viene a usurpargli la precedenza. Tutto questo ammesso, non si ha che una aperta riconferma di ciò che già disse Dante nel XV del *Volgare Eloquio*, quando in Guido Guinicelli trovava che *verba prorsus a mediastinis Bononiae sunt diversa* che vuol dire come nel secolo XIII e precisamente sul 1250, l'elemento dialettale bolognese era già scomparso dalla lingua scritta.

Questo io non dico per giungere alla conclusione che i Siciliani non hanno precedenza in letteratura: proviamoci a rimettere le cose al loro vero posto. Pressochè tutti i rimatori del primo secolo avevano studiato in Bologna, e con Pier delle Vigne troviamo il Mostacci, Jacopo da Lentino ed altri molti; da Bologna si spandeva quel rigoglio di vita che Federico secondo trasse a se, dando fama allo studio di Napoli: la prima voce era partita da Bologna, dove fu forse scritto il sonetto *Poichè amore non si può vedere*, in risposta a quel del Mostacci: *Solicitando un poco meo savere*, e l'altro di Jacopo da Lentino: *Amor è un desio che vien dal core* (1).

In quel secolo adunque che va sotto il nome di Federico II e si chiama anche periodo *svevo* e *siciliano*, la

---

(1) Sono a vedersi le belle considerazioni del **Monaci**, (op. cit.) a proposito di questi sonetti che stanno nel Cod. **Barberin.** XLV, 47, di cui abbiamo una bella descrizione del **Navone**, *(Rime di Folgore ect.)*. Questo codice, importantissimo, merita d'esser studiato, e si occuperà, mi dicono, lo **Zenatti**. È un'ottima raccolta di rime antiche, numerosa e di corretta lezione.

lirica artistica italiana ha già fatto un gran passo. Nota, e giustamente, il Monaci che la poesia italiana, la quale raggiunse più la perfezione che non col *Contrasto* di Ciullo e la *Canzone* di Folcacchiero, colle definizioni d'amore, che molto più probabilmente Pier delle Vigne scrisse il suo sonetto quando era studente a Bologna, e non quando s'era ingolfato nel gran mare della politica. Ne verrebbe adunque che anche prima di Federico II, Bologna era centro degli studi non solo, ma aveva già avuto i suoi poeti, rappresentati prima in Lambertino Bualelli, eco di Aimeric de Peguillan (1), poi nei giovani che frequentavano la sua università. Le definizioni d'amore, considerate come studio, o meglio una dissertazione filosofica su tale tema, preannunziano il Guinicelli, e preparano il terreno a Guittone d'Arezzo: s'è già fatto un gran passo verso la lirica artistica del primo secolo.

Desidererei che il Monaci ampliasse la sua memoria, dandoci la conclusione di una questione che, a mio modo di vedere, non è ancora definita dal recente libro del Gaspary: prima di Dante di quali scuole dobbiamo noi tener conto? Passi che la così detta scuola Umbra si elida, e allora per scuola siciliana dobbiamo noi intendere quel periodo letterario svoltosi prima di Dante? No, perchè il movimento artistico partì dallo studio Bolognese, e rifiorì, neanche a mezzo secolo d'intervallo, con Guido Guinicelli, che preparò il terreno ai Toscani, togliendo di mezzo quegli elementi provenzali e dialettali che si trovano nei siciliani che poetarono alla corte di Federico II. Dunque non possiamo dimenticare la importanza che Bologna ha in quel famoso secolo XIII; dunque dobbiamo studiare

---

(1) Sul **Bualelli** scrisse una dotta monografia **Tomaso Casini,** inserita nel *Propugnatore* 1878.

l' opera sua, e vedere se per avventura non sia tale che formi di per se una scuola, svoltasi in opposizione alla siciliana, che preannunzia il periodo toscano.

È facile anzitutto comprendere, ammessa la giusta opinione del Monaci, cioè che i rimatori antichi aveano studiato legge, e perciò in Bologna, che Bologna acquista un diritto di precedenza su la scuola siciliana. Sul 1225, nota il Ghirardacci (1), lo studio fu, per precedenti rancori, da Federico fatto trasportare a Napoli, quando adunque il gran cancelliere capuano vi aveva già studiate le leggi, e sottilizzato sulle definizioni d'amore con messer Jacopo Mostacci: l'influenza dello studio bolognese s'era adunque già riversata e sparsa per tutta l'Italia, per tornare poi, nel 1270, a risplendere d'una luce maggiore. Comunque, il periodo trascorso da Pier delle Vigne al Guinicelli, si svolge appunto in Sicilia ed è quello che propriamente forma la così detta scuola siciliana. Mettete il piede in questo *mare magnum*, e vi accorgete subito d'essere in terreno tutto diverso da quello d'onde la lirica artistica si riaffermò. C'è la *gai saber*, le canzoni sulla primavera co' verzieri e i prati dei provenzali, un mondo idillico e vuoto in sostanza, in mezzo al quale fanno strano contrasto le discussioni sulla natura d'amore.

Entrando ora nella questione delle scuole, ammesso ciò che precedentemente ho notato, io mi confermo sempre più in ciò che ho in altro scritto sostenuto (2), la esistenza cioè, e il bisogno d'ammettere due scuole che prepararono e precedettero l'opera dei Toscani, seguendo opposto indirizzo ed opposte tendenze. Non facciamo ora discussione sul luogo dove prima sia sorta la poesia ita-

(1) **Ghirardacci,** *Storia di Bologna,* Vol. II, pag. 274.
(2) *Saggio di commento alle canzoni di Guido Guinicelli* per **Ernesto Lamma,** Bologna *Fava e Garagnani* 1884, pag. 33-41.

liana: lasciamo a parte Ciullo d'Alcamo e il Folcacchieri:
ammettiamo che alla scuola dei bolognesi, *pulcriores lo-
quentes*, appresero Pier delle Vigne, il Mostacci, Jacopo da
Lentino e l'Ubaldini, e chiamiamo siciliana quella scuola
svoltasi dopo che Federico secondo aveva fatto trasferire lo
Studio da Bologna a Napoli, non dimenticando però che
il primo impulso era partito da Bologna, la quale tornò,
dopo la caduta degli Svevi, nel primitivo splendore. La
scuola bolognese adunque comincerà colla riforma artistica, introdotta dal Guinicelli, seguita da Onesto, dal Ghisiglieri (1) e da Semprebene e preannunziata dal rozzo
Guittone.

A me pare che il bisogno di ammettere due scuole
anteriori alla toscana risulti anche da un argomento che
io deduco dalle dotte considerazioni del Monaci. Se noi
consideriamo l'opera dei rimatori italiani nel primo tren-
tennio del secolo XIII, cioè quando non avevano ancora
ceduto alla influenza esercitata dai provenzali, noi troviamo
che il contenuto della lirica concorda colla riforma de'bolognesi (2). Questo prova, a mio modo di vedere, due
cose: e che l'opera dei bolognesi fu sempre rivolta ad
un fine, e che tornando l'arte a rifiorire in Bologna
la poesia artistica si riconfermò, spogliandosi dei riflessi
provenzali, ed allargando la riforma. Anche queste due

(1) Il Prof. **Borgognoni**, nella sua smania di demolizione, ha tentato di ridurre in polvere il **Ghisiglieri** *(Preludio,* 1884 N. 30-31) col
medesimo successo ottenuto per la **Nina Siciliana** *(Il supplizio d'una
bella signora.* Studi d'erudizione ect.) e Dante da Maiano. Ho pronta una
piccola monografia sul poeta bolognese dugentista che darò quanto prima
fuori.

(2) Oltre al **Mostacci,** al **Vigna,** al notaio da **Lentino,** troviamo
anche **Guittone d'Arezzo,** l'**Urbiciani,** anteriore al dolce *stil novo,*
i quali furono rozzi *ragionatori in verso,* diciamolo col **De Sanctis,** ma
però preannunziatori della riforma Guinicelliana.

riflessioni concorrono, secondo me, ad assicurarci della vera esistenza della scuola bolognese.

Già il Gaspary, nel suo dottissimo libro, ebbe a far notare come nel periodo della letteratura siciliana l'imitazione più che plagio si ristringeva alla forma e a certi concetti del tutto proprii ai provenzali, cosa che sempre più ci persuade come due fossero principalmente le correnti della poesia siciliana: popolare l'una, cioè provenzaleggiante; artistica l'altra, cioè derivante da quelle tendenze che i dotti maestri professavano nella Università bolognese.

Così stando le cose, ci sarà molto facile parlare della lirica che preparò la scuola toscana, come quella che procedè direttamente dai bolognesi e dai siciliani. Essa infatti riaffermandosi col Guinicelli, come giustamente notava il Bartoli (1), giunse a segnare un indirizzo artistico alla scuola toscana, compiendo così ed allargando l'opera di Guittone d'Arezzo.

Ometto quindi di parlare sulla poesia che più dell'altra tiene dai provenzali ed è perciò popolare, perchè essa mentre rappresenta la spontaneità dell'ingegno e del sentimento, ritarda nondimeno lo svolgimento artistico. È una poesia dove a ogni piè sospinto incontri *prati* e *verzieri* e *riviere:* lo spirito è provenzale, ma la forma spontanea accenna già ad una riforma artistica che i trovatori non avevano (2).

---

(1) **Bartoli**, *Storia della lett. it.* Vol. IV. *Lapo Gianni e Dino Frescobaldi.*

(2) E così sono ripicchiate alla provenzale le seguenti liriche della scuola siciliana: Di **Federico II**, *Della primavera Ciascuna riviera* ecc. **Rinaldo d'Acquino**, *Guiderdone aspetto avire Da voi donna, cui servire Non m'è noia* ecc. e ancora: *In amorosa pensanza Ed in gran disianza. Per voi donna, san miso.* ecc. **Buonaggiunta Orbicciani,**

La lirica artistica, propriamente detta, comincia per noi dalle definizioni d'amore del Vigne, del Mostacci, del notaro da Lentino, che furono scritte pressochè nel medesimo tempo. C'è già una forma, un concetto regge omai quei primi monumenti artistici: l'amore studiato, analizzato colle sottigliezze della filosofia. Di qui parte la diversa corrente in opposizione alle tendenze trobadoriche, in opposizione alla lirica popolare, a quella poesia facile, spontanea, in cui, più assai dell'arte si ammira la naturalezza. Tutti i rimatori che convenivano alla corte di Federico II dovevano naturalmente seguire queste due correnti: o seguire i provenzali e la lirica provenzaleggiante, o tener dietro al Vigna, al Mostacci, al notaro da Lentino, e quest'ultima corrente rasentò Guittone d'Arezzo, e il Guinicelli ampliò. Teniamo distinte queste varie tendenze della lirica primitiva, le quali si potranno dividere in varie altre correnti, la mistica di Jacopone da Todi e di Francesco d'Assisi; la religiosa di fra Buonvesin de Riva; la popolare, o poesia di *piazza* di Folgore da San Gemignano e di Cene dalla Chittarra; ma le fonti d'onde nascono queste diverse correnti saranno sempre due sole: la provenzale-siciliana, che diede la lirica popolare: la lirica artistica che ampliò Guittone, diede il Guinicelli, preparando la scuola toscana (1).

Tal'è la fiamma e'l foco ecc. **Guittone d'Arezzo,** *Amor non ho potere Di più tacere omai* ecc., ed altre molte che io ometto, per brevità, e che il lettore può nondimeno riscontrare da sè nel **Valeriani,** nel **Nannucci,** e specialmente poi nelle raccolte dell'**Allacci** e del **Trucchi.**

(1) Il compianto **U. A. Canello** in una sua nota inserita nel *Gior. di Filolog. Rom.,* pose in dubbio che il **Guinicelli** fosse bolognese, notando che il **Cittadini,** fra le altre cose, trovò in Guido delle forme toscane. Con lo studio del **Monaci** la questione è tolta di mezzo ed infondate sono le obbiezioni che a questo riguardo muovono il **Gaspary** ed il **Caix.**

II.

Siamo forse un poco troppo a lungo andato a diporto per Bologna, Palermo e Firenze, toccando rapidamente della lirica anteriore a Cino e al Cavalcanti, ma ciò era necessario per giungere allo svolgimento della lirica per opera della scuola toscana. Quando sorse la bella schiera di rimatori che faceva corona a Guido Cavalcanti la lirica artistica aveva già fatto un gran passo. Le tendenze provenzali, anzitutto, erano tenute in seconda linea dalla lirica filosofica, proprio come il petrarchismo nel classicismo del quattrocento, o se qualche forma provenzaleggiante o qualche frase scappava fuori, era pettinata e lisciata in modo che se ne sentiva l'imitazione, non il plagio, non il ricordo d'una tendenza artistica che si voleva escludere affatto. Questa fu l'opera del Guinicelli.

Adolfo Bartoli così accennò all'opera anteriore al *dolce stil nuovo*: « La lirica amorosa italiana si affermò, per la prima volta, nel Guinicelli, tentando con lui di uscire dalle nebulosità provenzali, tentando di emanciparsi dalla frase convenzionale, provandosi a concetti nuovi e ripulendosi insieme delle ruvidità di forma e di contenuto plebeo. Continuatori della riforma poetica del bolognese furono i toscani del *dolce stil nuovo*, continuatori ed ampliatori, s'intende, che pur derivando la loro arte dal *massimo* Guido l'oltrepassarono tanto da farlo quasi dimenticare (1) ».

Adunque lo svolgimento della lirica, secondo il Bartoli accennò, partiva dalla riforma artistica introdotta dal Gui-

---

(1) Vedi **Adolfo Bartoli**, *St. della Lett.*, Vol. IV **Lapo Gianni** e **Dino Frescobaldi** e ancora *I due primi secoli ecc.* Cap. V.

nicelli, per giungere poi alla forma corretta e tersa del Cavalcanti e di Cino, continuando ed ampliando il *massimo Guido*. Io credo però che le parole del dottissimo Bartoli non si possano interamente accettare senza avere fatta una distinzione. Ho notate due opposte tendenze nella lirica del secolo XIII ed ho concluso che esse si tengono nettamente distinte, o se qualche forme provenzale sono trasfuse nella lirica artistica hanno perduto il loro sapere d'imitazione. Ebbene, se noi mettiamo il piede in questa scuola toscana bisogna che ci persuadiamo di esser tornati alle forme stereotipe dei siciliani provenzaleggianti. Non troveremo i *prati* o i *verzieri*, ma gli eterni motivi d'amore che anche il Guinicelli in parte, e segnatamente in alcune canzoni, seguì (1): il sere che *chiede mercede* all'*amanza*: la *madonna cortese*, che nega prima e poi concede. Questa, me lo perdoni il Bartoli, non fu la riforma che il Guinicelli introdusse nell'arte e che i toscani dovevano seguire.

A me pare invece di esser nel giusto, asserendo che la scuola toscana, sorgente intorno a Guido Cavalcanti *se alcuna cosa trasse dalla riforma del Guinicelli, più assai derivò dalla lirica siculo-provenzale*, e quindi assai meglio che non riformatori del bolognese i toscani a me sembrano rivestitori della forma, procedendo e dalla lirica popolare, da cui derivarono le ballate di Lapo Gianni e del Cavalcanti, o tornando alla lirica filosofica come l'Orlandi, il quale, per me, segna il massimo grado della sot-

---

(1) Leggi del **Guinicelli**, e mi servo sempre della bella raccolta di **Tommaso Casini**, le canzoni: *Donna l'amor me sforza* I; *Lo fin pregio avvanzato*, II; e la XXVII *Madonna dimostrare* che il **Casini** crede al **Guinicelli** incertamente attribuita, ed io credo certamente del bolognese, colla autorità del **Carducci** (*Intorno ad alcune rime ecc.*, pag. 15).

tigliezza. Questo non era l'indirizzo segnato dal Guinicelli: il volgare *aulico,* come lo disse Dante, si abbellì coi toscani, abbracciando tutta la lirica che fu dei siciliani e dei bolognesi: pei toscani tutto l'abbellimento, il progresso artistico, fu questione di forma.

E anche qui ci si presenta il bisogno di mantenere ben distinte le due diverse tendenze della lirica, come quelle che divennero poscia elementi principali dell'indirizzo della scuola toscana, prima della quale tutta l'opera artistica fu preparazione, sempre tendente ad un progresso, confessiamolo pure, ma sempre preparazione. Non bastava che gli elementi provenzali e più tardi le forme dialettali a poco a poco fossero tolte dalla lingua nascente (1), ma era necessario che la lirica avesse un carattere proprio, spogliato dalle forme e dalle tendenze trobadoriche. Questo fu opera di un lungo periodo di elaborazione artistica, questa fu la preparazione alla scuola toscana, della quale furono precursori Guittone e Guido Guinicelli: le due diverse tendenze di quella lirica che la scuola toscana raccolse ed abbellì, furono gli ultimi echi trobadorici e la poesia artistica, svoltisi gli uni nella corte degli Svevi; gli altri nella università bolognese.

Notava, e molto a proposito, il Bartoli come la lirica del primo secolo presenti certe forme *stereotipe* che ci fanno subito pensare alle Laure cinquecentiste, e il Gaspary disse che se la scuola siciliana ha dei provenzali l'alito, lo spirito, vera imitazione, no (2): è l'ambiente che era ancor pieno di profumi emananti dai *verzieri* di Provenza e perciò tutto profumava, proprio come nel quattrocento l'Orfeo del Poliziano fu causa che nascessero

---

(1) **Dante** nel *Volgare Eloquio* nota già che nel **Guinicelli** le parole non sono simili alla lingua parlata (II, 15).

(2) **Bartoli**, op. cit. **Gaspary,** *passim.*

a cataste drammi ripicchiati sulla forma e sullo stile po-
lizianesco. Queste due sentenze del Bartoli e del Gaspary
si confermano a vicenda. Imitavano dai provenzali l'in-
dole, la forma intrinseca della lirica, e una volta stabiliti
certi modelli, certe forme convenzionali, ma necessarie e
accettate universalmente erano ricalcate e copiate e così
nacquero il *Sere* e l'*Amanza* e l'*Amore* definito in cento
modi, ma pur sempre concordanti colla definizione di
Cino: *è uno spirito che uccide Che nasce di piacere e
vien per guardo* (1).

Anche i toscani, sebbene li avessero preceduti due
grandi periodi artistici, il siciliano e il bolognese, non seppero abbandonare le forme *stereotipe* della lirica provenzaleggiante. E si noti che quella lirica che aveva personi-
ficato il *Sere* e l'*Amanza* e aveva loro dato una parte
fissa, immutabile, come, nel secolo XVIII, le maschere
Goldoniane, non ebbe mai una sola volta una scintilla di
vita e di affetto. Pei rimatori filosofi, capo Iacopo da
Lentino, la lirica era una freddura; pei rimatori provenzaleggianti erano forme, analisi, sentimenti freddi e studiati, senza un'ombra di naturalezza e di verità. E se i
siciliani raggiunsero qualche volta l'affetto e il sentimento
umano si fu nelle canzoni popolari, delle quali se la forma
discendeva dai provenzali, il sentimento però derivava dal
cuore (2).

(1) Belle e a vedersi sono le parole del **De Sanctis** sul *Sere*, sul-
l'*Amanza* e le altre figure stereotipe della lirica del primo secolo. Vedi
Storia della Lett., Vol. I, pag. 24-25. Delle definizioni d'amore ne ho
raccolte io parecchie nel mio *Saggio di Commento ecc.* pag. 43-44 e 50-
51. Dirò anche più innanzi.

(2) È nota la canzone di **Rinaldo d'Aquino**, *Giammai non mi
conforto* e l'altra: *Oi lassa innamorata ecc.* di **Odo delle Colonne**.
Raro è nei siciliani incontrare qualche bel concetto, qualche bel sentimento fra tanta scoria, o se alcun che di men che brutto si trova, in
mezzo a quelle rozze forme sembra più bello che non sia.

Se adunque anche pei toscani la poesia conservò quelle tendenze e quelle forme che furono dei siciliani vediamo dove consista e con quali criteri si procedè allo svolgimento della lirica. Disse il De Sanctis che del dolce *stil nuovo* il poeta fu il Cavalcanti: conosciamo dal maestro che fosse il corteggio sul quale l' *altro Guido* s'innalzava.

Notava Lorenzo de' Medici che dietro a Guittone e al Guinicelli « riluce il delicato Guido Cavalcanti fiorentino, sottilissimo dialettico, e filosofo del suo secolo prestantissimo. Costui per certo.... negli suoi scritti non so che più che gli altri bello, gentile e peregrino rassembra, e nella invenzione acutissimo magnifico, ammirabile, gravissimo nelle sentenze.... le quali sue beate virtù d'un vago, dolce e peregrino stile, come di vaga veste, sono adorne (1) ». Queste parole del magnico Lorenzo credo che si debbono accettare con benefizio d'inventario. Infatti che il Cavalcanti sia il massimo poeta della scuola toscana in cui la bella forma appare più nitida e tersa è, per me, cosa innegabile, ma che si possa dire di lui che fu *ammirabile e gravissimo nelle sentenze*, con tutto il rispetto che io porto al Mecenate mediceo, rispondo di no. Il Cavalcanti seppe dare alla lirica la massima pulitezza di forma; seppe innestarvi tutto il più fine sentimento da cui l'anima sua era dominata, ma pel contenuto della lirica non fece un passo. Allargò ed innovò la forma; il concetto rimase, con poche differenze, quello di prima: sottilizzò coll'Orlandi sulla definizione d'amore, e fu guinicelliano (2); scrisse ballate soavissime e terse, e fu pro-

---

(1) **Lorenzo de Medici** o **Angelo Poliziano**, *Lettera al Maggior Federico ecc.*

(2) Vedi dell' **Orlandi** il Sonetto, *Onde si move e d'onde nasce Amore*, e si che l' **Orlandi** stesso aveva detto *Per troppa sottigliezza*

2

venzale (1). Anche in questo capo scuola noi vediamo il cultore della forma, ma l'opera fu più efficace col Guinicelli, il quale tentò di *uscire dalle nebulosità provenzali*, disse bene il Bartoli, facendosi innovatore d'una lirica nuova.

Il progresso segnato dalla scuola toscana sta nel definire affetti e passioni, non colle speculazioni filosofiche del Guinicelli, o colle astruserie dei siciliani e particolarmente di Jacopo da Lentino, ma esprimendo, colla frase propria, elegante e studiata, il sentimento, l'affetto che l'anima prova. Questo è il *programma artistico* della scuola toscana.

Fa però non poca meraviglia il vedere come in quei rimatori che fan cerchio al Cavalcanti, ed anche nel Cavalcanti stesso, s'incontri l'imitazione dei provenzali, o le definizioni, astruse e guinicelliane, ma di ciò potremo renderci ragione, quando si ammetta che le due diverse correnti della lirica « popolare ed artistica » diedero entrambe i loro migliori elementi per la scuola toscana la quale, derivando dalle precedenti, mostra il graduale distacco dalle forme vecchie, trite, convenzionali dei siciliani e dei bolognesi. E così Guido Orlandi sottilizzò sull'amore, rispondendo al Beccari, ma andò anche per

---

il fil si rompe. Della Canzone del **Cavalcanti** è a vedersi il commento di **Dino del Garbo**. Proprio le definizioni d'amore erano considerate altrettante tesi di filosofia.

(1) Sulla ballata: *In un boschetto trovai pastorella*, è a vedersi il **Nannucci**, I, 273-277 il quale fece raffronti provenzali con questa ballata. Leggi di **Girald Riquier** la *Gaya pastorella Trobei l'autre die*; è ancora l'altra dello stesso **Riquier**, *L'autre jorn m'anava Per una ribeira Soletz. delich* ecc. e **Guid d'Uissel**, *L'autre jorn per aventura* ecc. e il **De Begier**, *L'autrier el gai temps de pascor* ecc. Sulla pastorella provenzale. Vedi **Carducci**, *Musica e Poesia* ecc. e **Bartoli**, *I primi due secoli*, Cap. VI, *Svolgimento della lirica*.

la maggiore, e scrisse i sonetti doppi *Ragionando d' amore* e *Come servo fedele* dove ritornò alle vecchie forme dei siciliani: e così l' Alfani, specialmente nella canzone *Guato una donna dove io la scontrai*: e così Lapo Gianni, e specialmente nella canzone *Gentil donna cortese e di buon a' re*; e nell' altra: *Amore io non son degno ricordare* e infine Guido Cavalcanti, e specialmente nella soavissima ballata: *In un boschetto trovai pastorella* ritornarono ai luoghi comuni e alle imitazioni provenzali, rivestite però dell' eleganza artistica, accoppiando però il contenuto e la forma.

Lo svolgimento della lirica però non andò molto per le lunghe: il *programma* era già stato additato dal Guinicelli, lo riconosce il De Sanctis, quando scrive che in Guido accanto allo scienziato comparisce l' artista (1). Quindi l' opera dei toscani ad altro non fu ristretta se non alla pulitezza della forma, e pur cominciando colle imitazioni delle scuole e dalle tendenze precedenti, giunse ad innovare l' arte, opponendo alla lambiccata ed astrusa filosofia il sentimento fine ed elegante, alla rozzezza dei siciliani, la frase corretta ed elegante. Fu un periodo di elaborazione, forse più che d' innovazione artistica; fu più veramente una reazione che non una novità, ma per questa reazione si ebbe la *Vita Nuova* e la *Divina Commedia*. Tutti i toscani, che sorgevano intorno al Cavalcanti parteciparono a questo *dolce stil nuovo* di cui Guittone e il Guinicelli erano stati non lontani preannunziatori e mostrano lo studio, lo sforzo di svincolarsi dalle forme convenzionali trobadoriche-siciliane, procedendo di progresso in progresso ed accrescendo la bella schiera che preparò l' Allighieri. Questa evoluzione si presenta specialmente

(1) **De Sanctis**, Op. cit., Vol. I, Cap. II.

con un rimatore dugentista che noi ci apparecchiamo a studiare: con Lapo Gianni, notaio fiorentino.

III.

Definire, con una sola frase, o con pochi tratti, lo svolgimento della lirica è assai difficile impresa. Questa evoluzione artistica, preparata da tutta una scuola, procedè essa logicamente dall'opera svoltasi precedentemente dai toscani, oppure tutto il prestigio di questa nuova scuola sta nella risposta di Dante all'Urbicciani: *Io mi son un che quando Amore spira, noto, ed a quel modo Che ei detta dentro vo significando?* — A me pare che dall'una e dall'altra proceda la scuola toscana. Allargò l'opera di Guittone e del Guinicelli: si studiò di rappresentare e dì esprimere sentimenti ed affetti in quel modo che amore li ispira. Io ebbi a notare in altro mio scritto (1) come negando le scuole bolognese e siciliana cadeva anche la scuola toscana e in ciò mi confermo sempre più e spero convincere di ciò il lettore esaminando l'opera poetica di Lapo, il quale diciamolo con una frase molto vecchia, ma espressiva, è l'*anello di congiunzione* fra la scuola toscana e bolognese.

Ognuno conosce la lirica siciliana o popolare, come il *lamento dell'amante del crociato* di Rinaldo d'Aquino

(1) *Saggio di Commento ecc.*, IV. Io diceva allora, sostenendo le scuole siciliana e bolognese, che la scuola toscana allargò l'opera del **Guinicelli**, procedendo direttamente da essa, e che però avevamo stretto bisogno di mantenere distinte queste scuole, perchè ci rappresentano appunto le varie evoluzioni artistiche della lirica, e sono così strettamente congiunte fra di loro, che, sopprimendone alcuna, le altre cadano da sè. Vegga il lettore se io mi sono ingannato.

e la canzone *Ohi! lassa innamorata* di Odo dalle Colonne, liriche spontanee, calde d'affetto e di passione: o echi trobadorici, cioè profumati dai verzieri di Provenza, come: *Della primavera Ciascuna riviera ecc.* o l'altra: *Donna eo languisco* di Jacopo da Lentino. Oltre queste due specie di lirica ne abbiamo un'altra ed è la poesia artistica, la quale cominciò col Vigna e col Mostacci, per affogarsi poi nelle astruserie e nei giochetti del notaio Lentinese. Disse bene il Délecluze: *assemblage de lieux communs de galanterie récherchée* (1).

In Toscana ed in Bologna la poesia trovò ben diverso campo che non alla corte degli svevi. Ciacco dall'Anguillara fece ciò che aveva fatto Ciullo, la tenzone d'amore, ma quanto in quella trovi spontaneità e un'arte popolare e paesana, in questa invece trovi, coll'ironia, una reazione al provenzalismo invadente (2), come nelle cantilene popolari del secolo XIII tu vedi già come la vena d'immaginazione cominciasse ad arricchirsi, esprimendo sentimenti di *popolesca eleganza,* spontanei, efficacissimi (3).

In Bologna la poesia trovò terreno ancor più diverso. Troviamo canzoni e ballate popolari, in cui la spontaneità non è seconda alla finezza del sentimento, ma queste sono

---

(1) **Délecluze,** *D. Al. ou la Poes. Am.* I, 86.

(2) Questo mi pare anche il concetto del dottissimo **Bartoli,** *I primi due secoli,* pag. 152-154. Comunque vedi di **Ciacco dall'Anguillara** i seguenti versi di *Madonna: Assai son gemme in terra Ed in fiume ed in mare. Ch'hanno virtude in guerra E fanno altrui allegrare. Amico io non son dessa Di quelle tre nessuna: Altrove va per essa E cerca altre persone.... Se perir tu dovessi Per questo cercamento Non crederia che avessi. In te innamoramento. Ma s'tu credi morire. Innanzi ch'esca l'anno Per te fo messe dire Come altre donne fanno.* Altro che la *Madonna* di Ciullo!

(3) *Cantilene e ballate ecc.* edite dal **Carducci.**

ben distinte dalla lirica di scuola (1). Non ebbe l'estasi, la contemplazione, il misticismo di Jacopone da Todi e di Francesco d'Assisi, non si svolse fra il popolo, come per Folgore da S. Geminiano e per Cene della Chitarra, nè alla corte, ma semplicemente nella Università bolognese. Perciò quei rimatori dugentisti che furono anche dottori insigni, trasfusero nella lirica la loro dottrina, e più che poeti si studiarono di rimanere dottori, ragionatori più logici e dotti che non Jacopo da Lentino, più tersi e più lindi che non Guittone d'Arezzo. Prima del 1265 la cavalleria dominò tutta la lirica, poi v'entrò un qualche tenue riflesso dell'amore, della politica: in Guittone compare un primo barlume di scienza, mentre col Guinicelli il concetto cavalleresco va ad attingere sentimenti e concetti dalla filosofia platonica (2). Il progresso artistico si fa specialmente sentire nei sonetti del Guinicelli, dove, sebbene il poeta non abbia ancora potuto liberarsi dalle forme tipiche convenzionali, pure tu trovi già in mezzo a quelle sottigliezze un primo alito di vita e di sentimento che si riconferma poscia in Onesto degli Onesti (3). Il primo passo è fatto, la scuola toscana procedendo progressivamente compirà essa, con diversi intendimenti, tutta l'opera del Guinicelli.

(1) Nel libro VIII delle *Rime di poeti bolognesi*, edite dal **Casini** abbiano parecchi esempi di lirica popolare, che già il **Carducci** pubblicò in *Cantilene e ballate* e *Intorno ad alcune rime ecc.* tratte specialmente dai Memoriali dell'Archivio notarile di Bologna.

(2) Ma nel **Guinicelli** e in **Onesto** c'è già la donna *Angelicata* che *tenea d'angel sembianza* (Canz. *Al cor gentil*) e doveva *rimembrarsi della sua vita povra* (Ball. *La Partenza ecc.*).

(3) Vedi del **Guinicelli** i sonetti: *Io vo del ver la mia donna laudare; Lo vostro bel saluto e 'l gentil guardo*, e specialmente, *Omo che è saggio non corre leggero*.

E appunto in Lapo Gianni, uno del corteggio del Cavalcanti e rimatore del dolce *stil nuovo*, tutte quelle tendenze artistiche che si svolsero precedentemente ai toscani si congiungano, si annodano con un graduato e non lento progresso. Le forme tipiche sono sempre le stesse, l'Amore, il Sere, la Madonna di *cortese e bon' are* di cui il poeta è *servente*; abbiamo anche di lui una specie di dialogo che pare un ricalco da una novella provenzale in cui un pappagallo parla all'amante del suo signore (1): abbiamo le solite canzoni a *Madonna, Di cui Amor lo fè prima servente*, simile alle tante dei poeti siciliani e Jacopo da Lentino. ha qualche cosa di simile; eppoi ballate piene d'ogni lode alla sua donna, per cui, dice, *si fè gentil l'anima mia*, tutti armonizzanti ad un sol tono: che la sua donna è bella e che egli è *servitore* della sua donna (2).

Ma in questo piccolo mondo artistico v'è sempre un graduato progresso, che tende, se non ad abbattere le forme tipiche convenzionali, almeno a togliere da esse quella scoria che fu dei siciliani e dei bolognesi: il progresso della forma: lo sforzo di dir cose nuove con argomenti vecchi e stravecchi. Però se noi esaminiamo anche la ballata *Io sono amor, che per mia libertate Venuto sono a voi, donna piacente*, troviamo che il poeta, anche tenendo sott'occhio vecchi modelli si è studiato di pulire la forma, ciò che prima non avevano fatto gli altri rimatori. Ma troverà ancora questi versi, posti in bocca a Madonna:

(1) **Manucci**, *Manuale*, pag. 241-244.
(2) Vedi di **Lapo Gianni** la prima e la seconda ballata nel *Manuale* del **Nannucci**, 241-245.

Ond' io vo dare al suo mal guarigione
portateli lo cuor ch' avea 'n prigione
e da mia parte li date allegranza:
che stea fermo a sua manza
di buono amore, puro, da laudare,

dove trovi una reminiscenza, o forse meglio una copia da Ruggerone da Palermo (*A quella che in prigione ha lo me core*) (1) e tutto il concetto procede dai più rozzi siciliani. Così nella ballata:

Gentil donna, cortese e di buon' are.
di cui amor mi fe' prima servente,
mercè, poich' in la mente
vi porto pinta per non v' obliare,

(proprio come il Petrarca che portava *il bel viso* di Laura *dipinto nel petto*) (2), trovi che il poeta non è che un dilettante delle vecchie forme provenzaleggianti, ma troverrai in un' altra ballata quattro versi soavissimi e tersi come questi:

Dolce è il pensier che mi nutrica il core
d' una giovine donna ch' e' desia:
per cui si fe' gentil l' anima mia,
poichè sposata la congiunse amore.

dove ti par di sentire un non lontano eco del Cavalcanti, e questi altri pare che ricordano la ballata di Dante *Io mi son pargoletta ecc.*:

(1) Canz. *Oi lasso non pensai.* **Ruggerone** imitò forse da **Gancelm Faiditz**, *Domna lo cor e 'l sen E lo huels e 'l pessamen Ai en vostra preizo.*

(2) **Petrarca**, *Sonetto* LXIX.

Quest' angela, che par dal ciel venuta
d' amor sorella mi sembra al parlare
ed ogni suo atterello è meraviglia
beata l' alma che questa saluta (1).

A ragione, quindi, il dottissimo Adolfo Bartoli notava che in Lapo Gianni si *combattono, quasi, il pas-
sato e l' avvenire* (2), in quantochè egli, da solo, ci
presenta tutto lo svolgimento dell' arte, coi suoi progressi e co' suoi diffetti, colle sue tendenze e colle sue
innovazioni. Qui si congiungono e spariscono, gradatamente,
gli echi trobadorici e siciliani, le freddure di Jacopo da
Lentino, le astruserie di Guittone, le sottili elucubrazioni
del Guinicelli, per lasciare il campo alla verità ed al sentimento che spira in tutti i rimatori della scuola toscana.
Si congiungono e spariscono, dissi, perchè Lapo Gianni
partecipò anch' egli dei difetti dei suoi predecessori, piegò
verso la corrente che tutto a se attirava, ma seppe anche
liberarsene, ed appunto perchè risente e presenta tutti i
diffetti dei predecessori e i graduati progressi degli inno-
vatori egli è veramente il primo autore del *dolce stil nuovo*,
da cui tutti poscia derivarono.

E volontieri passerei tosto all' esame particolare del-
l' opera di questo insigne rimatore dugentista, se non mi
sentissi tratto a studiare una questione, accennata sempre,
definita mai, sul tempo cioè in cui visse Lapo Gianni.

IV.

Se chiedete, anche ad uno dei mediocramente istruiti,
in qual tempo fiorì Lapo Gianni, son certo che, senza

(1) Disse ancora in altra canzone: *Angelica figura nuovamente Dal
ciel venuta a spander tua salute* ecc.
(2) **Bartoli**, *I primi due secoli*, pag. 299.

scendere a particolari più o meno esatti e basandosi sul *de minimis non curat praetor* vi dirà dopo il 1250. Ed infatti e pei rapporti che egli ebbe colla scuola Toscana, della quale egli fa una delle più autorevoli voci, e pei ricordi che lo legano a Dante ed al Cavalcanti nel poema d'Amori fiorentini, dove erano ascritte Beatrice e Mandetta e un pochino più in basso, la donna di Lapo Gianni, dovette fiorire dopo la metà del Sec. XIII.

Non so quindi con quali criteri, o almeno con quali sospetti, il Muratori (1) dubiti che Lapo Gianni non appartenesse al secolo XIII, ma al XIV, onde il Nannucci ragionevolmente obbiettò che basta una lettura dei suoi versi, una mediocre conoscenza dello stile dei dugentisti, per convincersi che egli appartenne e fu anzi dei primi, per ragione di tempo della scuola Toscana.

Nè soltanto il Muratori opinò che Lapo Gianni fiorisse nel secolo XIV. Il Poccianti (2), che scrisse un catalogo degli scrittori fiorentini, ch'io non ho veduto, ma mi servo della indicazione del Crescimbeni, notò il nostro poeta fra i toscani del trecento, contemporaneo al Pucci, al Bonichi e al Petrarca, dalla quale indicazione, forse, argomentò il Muratori che Lapo fiorisse nel secolo XIV. Io non voglio spendere parole per dimostrare che Lapo fu dugentista, bastando, credo, per questo, ricordare il sonetto di Dante al Cavalcanti e di questi a quello (3) di indiscutibile autenticità, ma sottopongo al lettore due mie osservazioni, perchè ne tenga conto, come non prive di fondamento. Anzitutto è facile ammettere che il 1250 si sia cambiato in 1350 per errore d'amanuense, o tipografico,

---

(1) **Muratori**, *Perfetta poesia It.* Vol. I, lib. I, pag. 16.
(2) **Poccianti**, *Catalog. Script, florent.* pag. 106.
(3) Sonetti: *Guido vorrei che tu e Lapo ed io* ecc. e *Se vedi Amore assai ti prego*, *Dante* ecc.

o anche per semplice svista; in secondo luogo poi, il Poccianti parla d'un Lapo Giannini, e così rimane in noi il dubbio che non abbia voluto accennare al notaio fiorentino. Che se anche di Lapo Gianni abbia inteso parlare l'asserzione del Poccianti e del Muratori è così priva di fondamento, che non se ne deve tener conto. Del resto poi, il Crescimbeni stesso, il quale aveva accolta l'opinione del Poccianti, la respinse, convenendo che egli fioriva sul 1250 (1).

Ma non possiamo contentarci di questa data, nè possiam dire col Giacosa *mezzo secolo prima, mezzo secolo poi A me ben poco importa, e poco importa a voi,* dovendo, per quanto ci sia possibile, desumere date, se non certe, almeno probabili ed approssimative. Chè se egli fosse strettamente fiorito nella metà del secolo XIII non ci potremmo spiegare due cose: e come mai, quasi contemporaneamente a Guittone, la lirica italiana fosse già così tersa e pulita, e come la scuola bolognese potè sorgere, e quale innovazione introdusse nell'arte, se già la scuola toscana aveva fatto un sì gran passo. Esaminando la relazione che egli ebbe cogli autori della scuola Toscana, ci sarà facile determinare approssimativamente il tempo in cui Lapo Gianni fioriva.

Se ci fosse pervenuto il *Serventese* che Dante scrisse per le sessanta più belle donne di Firenze, vedremmo che Laja o Lagia, la donna di Lapo, cadeva in *sul numero del trenta.* Il qual serventese fu scritto, dice, e con molta probabilità, il Carducci, *poco dopo il 1283* (2), e cioè

---

(1) Il **Crescimbeni**, al Vol. I, pag. 403 (Roma, 1802) piegò all'opinione del **Poccianti**, e al Vol. II, parte II, pag. 32 disse che fiorì nel 1250.

(2) **Carducci**, Nota alla *Vita Nuova* del **D'Ancona**, Pisa 1872, pag. 75. Cap. VI.

quando Dante era sui diciott'anni. Dunque Lapo Gianni
non pote fiorire sul 1250, ma alquanto posteriormente,
perchè trent'anni dopo l'Allighieri ricordò la sua donna
sul numero del trenta, e se fioriva sul 1250, nel 1283
si parlava probabilmente più dei suoi acciacchi che non
dei suoi amori.

Una osservazione generale e, lasciatemelo dire, gros-
solana, ci persuade sempre più a credere che Lapo fu
della seconda metà del secolo XIII. Grazie a Dio possiamo esser certi sull'anno in cui Dante nacque, nel 1265:
ammettiamo che Lapo fiorisse non sul 1250 ma sul 1260,
il notaio fiorentino era in fama prima che Dante nascesse,
e sul 1283 non poteva l'Allighieri ricordare la sua donna,
nel *Serventese* perduto.

Perchè Lapo fosse compagno di Guido Cavalcanti e
di Dante occorreva che loro fosse quasi coetaneo: occorreva altresì che fosse, come essi, giovane, dedito ai me-
desimi amori, e tale era veramente e lo prova un sonetto
di Dante al *massimo Guido*, che stabilisce, in qualche
modo, i rapporti che passavano fra l'Allighieri e Lapo
Gianni :

> Guido, vorrei che tu e Lapo ed io
>   fossimo presi per incantamento,
>   e messi in un vascel, che ad ogni vento
>   per mare andasse a voler vostro e mio.
> Sicchè fortuna, od altro tempo rio
>   non ci potesse dare impedimento;
>   anzi vivendo sempre in un talento
>   di stare insieme crescesse il disio.
> E monna Vanna, e monna Bice poi,
>   con quella .che e 'n sul numero del trenta
>   con noi ponesse buono incantatore.
> E quivi ragionar sempre d'amore,
>   e ciascuna di lor fosse contenta
>   sì come io credo che sariamo noi,

dove si addimostra chiaramente come Lapo Gianni fosse appunto il terzo di quella eletta compagnia fiorentina che vantava l'Allighieri e il Cavalcanti.

Se noi potessimo con dati storici ed inoppugnabili tessere la vita di questo insigne rimatore potremmo anche precisare chi egli fosse e quali i suoi rapporti colla scuola toscana; ma ci è più facile dimostrare chi egli non fosse, piuttosto che chi egli fosse, onde dobbiamo contentarci delle scarse testimonianze che rimangono di lui e procedere coll'incertezza e contentarci della data approssimativa. È indubitato che Guittone d'Arezzo fu precursore e del Guinicelli, la cui opera artistica allargò a più libere forme, e della scuola toscana: ora il periodo signoreggiato da Guittone va fino al 1265: sul 1275 il Guinicelli professava a Bologna, e in quel torno di tempo riformò la lirica artistica: certamente Lapo Gianni visse contemporaneamente a Dante, che nel 1283 ricordò nel *Serventese* la sua donna: dunque il notaio fiorentino non potè essere in fama che negli ultimi venticinque anni del secolo XIII.

Ed ora, procedendo a superficiali ricerche su questo rimatore, lamentiamo nuovamente che il *Serventese* di Dante sia andato perduto, avendo così perduto l'indice, quasi, delle belle donne di Firenze, nel quale Beatrice *non sofferse stare se non in sul nove* (1). Di serventesi che, possiamo supporre, fossero simili a quello di Dante non ci è rimasto che quello del Pucci, scritto sul 1330, quando cioè l'Allighieri era morto (2). Possiamo però star certi che quello del Pucci sarà stato imitato da Dante, ben sapendo come questo bizzarro ingegno fosse vago d'imitare il divino poeta, ma non può ricostruirci gli

(1) *Vita Nuova*, Cap. VI.
(2) **D'Ancona** *op. cit.* pag. 70-74. Il **Pucci** così cominciò il suo *sermintese*. *Leggiadro sermintese pien d'amore* ecc.

amori dei giovani fiorentini colle sessanta più belle donne
di quelle città. Un brano di capitolo che il Manni crede
del Boccacci, e pubblicò nelle sue osservazioni sul *Deca-
meron* (1), ha anch'egli un catalogo di donne belle, e
ricorda anzi la Vanna di Filippo, che fu la donna del
Cavalcanti, e così altri poeti e rimatori scrissero rime al
solo scopo di celebrare le donne più belle, e così fecero
Rambaut de Vaiqueraz, col *Caroccio*, e Franco Sacchetti,
colla *Battaglia delle vecchie colle giovani* (2).

Perduto però il *Serventese* di Dante, di poche donne
celebrate da lui e amate dai rimatori toscani noi abbiamo
notizia. Oltre Beatrice era certamente ricordata la Vanna
del Cavalcanti, la Selvaggia di Cino ed altre molte, e fra
queste la donna di Lapo Gianni. Cadeva ella certamente,
nel *Serventese* di Dante sul numero trenta, ricordandola
altresì in quel sonetto: *Guido, vorrei che tu e Lapo ed io*
ed il suo nome si crede, fosse Laja o Lagia.

Io credo però che l'unica testimonianza di questo
amore di Lapo con una donna che nel *Serventese* cadeva
sul numero del trenta ce l'abbia lasciato Dante. Prove
certamente non ne abbiamo; indizii, molti, ma così ge-
nerici, che non possono essere tenuti per seri. La lirica
del primo secolo era tutta d'amore — l'unica eccezione
forse sarebbe la Canzone all'Italia di Aldobrandino da
Siena, scoperta nei Codici Arborensi, che appesta di fal-
sità sfacciata — però essendo l'amore il luogo comune,
e tutta la lirica parlando d'amore, non possiamo considerare l'opera d'ogni rimatore come una autobiografia.

(1) **Manni**, *Sto. del Dec.* II, Cap. IV. Il Capitolo ha questa terzina:

> La Vanna di Filippo, Primavera
> Da tal conoscitor degna chiamata
> Vedendola seguir nostra bandiera,

nome e soprannome della donna del Cavalcanti.

(2) Consulta la *Vita Nova* citata, alle note al Cap. VI.

Lapo Gianni parlò continuamente d'amore, ma nè definì il nome d'una donna, nè seppe tessere intorno alla *figura angelicata* un poema d'amore intimo, indissolubile, come Cino, il Cavalcanti e Dante. Vedremo già, quando passeremo a considerare l'opera intrinseca di questo rimatore, che egli ritornò ai luoghi comuni, alle forme stereotipe dei Siciliani, alle figure provenzali, facendo ricordare da principio della sua carriera poetica tutta una scuola letteraria che aveva posto il suo studio in simili imbrattii in cui, poscia, s'impelagò Jacopo da Lentini e Guittone. In lui troveremo la solita *madonna spiettosa;* il poeta che si offre umilmente e ciecamente a *servire la amanza* e via via, e se un palpito di vita e di sentimento guizza dalle sue rime è quando si mutano i *piacevoli detti d'amore*, e nonostante la sottile arguzia dell'Orbicciani, il Guinicelli mutò tutto il contenuto dell'arte.

Ritornando ai suoi amori, non neghiamo che il buon notaio fiorentino abbia avuta una donna, chiamata Laja o Lagia, che Dante pose *sul numero del trenta*, perchè con *Monna Vanna e Monna Bice ponesse buono incantatore* (1), ma notiamo che di questa donna non abbiamo notizia alcuna, nè le rime del poeta valgono a dimostrarci chi ella fosse.

Quello che per noi è indubitato e che qui riassumiamo, come le poche notizie che abbiamo intorno a questo rimatore, è che egli fu notaio fiorentino, che visse contemporaneo a Dante, e non potè fiorire anteriormente al 1280, perchè l'Allighieri, pochi anni dopo, ricordò la sua donna nel *Serventese;* che fu amico anche di Guido Cavalcanti, il quale, in un sonetto indirizzato a Dante lo ricordò; che fu terzo in quella elletta schiera di rimatori toscani e che la sua donna, di cui, nemmeno nei

(1) **Dante**, *Son.* citato.

suoi versi, rimane memoria, fu da Dante ricordata nel *Serventese,* e precisamente sul numero dei trenta.

V.

Quando adunque Lapo Gianni fioriva, Guittone d'Arezzo era già tramontato e Guido Guinicelli aveva gettate le prime fondamenta d'una lirica nuova, che procedeva dalle speculazioni platoniche. La lirica popolare aveva fatto un gran passo, e la tenzone di Ciacco dall'Anguillara, spontanea, vivace, bellissima, pareva la canzonatura di quei sentimenti cavallereschi che poco attecchirono in Italia. La poesia di piazza ebbe Cene dalla Chitarra e Folgore da San Gemignano: i provenzali ebbero l'ultimo eco in Dante da Majano, che grazie al Novati e con buona pace del Borgognoni, continuiamo a credere del dugento (1). Procedendo da questi elementi, negli ultimi trent'anni di quell'avventuroso secolo XIII, sorgeva la scuola toscana.

Nondimeno due tendenze artistiche principalmente s'imponevano, ed erano il portato di due scuole letterarie che avevano proceduto da diversi criteri: la provenzale-siciliana, la filosofica-bolognese. Altre tendenze v'erano e si notavano, ma distinte dalle principali correnti, ed erano la mistica-religiosa di Jacopone, di Francesco d'Assisi, di

(1) La questione è molto nota. Il **Borgognoni** nella sua smania di demolizione, tentò ridurre in ombra il povero **Dante da Maiano,** come prima aveva creduto di cancellare il nome della **Nina Siciliana.** (St. d'Erudiz. e d'arte, Vol. II. *Il suplizio d'una bella signora*). Il **Novati** rispose, con molta dottrina e con molte prove al **Borgognoni** nel *Preludio* (1882), ed io sto con lui, le cui ragioni interamente mi convincono. — Sulla poesia di **Folgore** e di **Cene** è a vedersi il volume edito da **G. Navone,** contenente le rime di questi genialissimi poeti.

Buonvesin de Riva; la poesia di piazza di Cene e di Folgore, ed altre minori.

Il progresso artistico che il Guinicelli apportò, segnava quasi un precipizio, un' antitesi delle tendenze liriche precedenti. Perciò i toscani del *dolce stil nuovo*, che incominciarono seguendo i siciliani, nè procedettero strettamente dalla innovazione Guinicelliana, nè continuarono nell'incominciato cammino, laonde, oltre al combattersi delle diverse tendenze·artistiche, noi vediamo in essi il graduato progresso che mira a togliere ai siciliani la scoria e i luoghi comuni; ai bolognesi la troppo sottile filosofia. Però questo ribellarsi dalle vecchie forme noi lo vediamo in tutti i poeti della scuola toscana e risentiamo in essi quella influenza che il Guinicelli vi esercitava. Questa influenza e questo progresso ci proponiamo di scoprirlo in Lapo Gianni.

Io voglio dividere, per meglio analizzare la lirica di Lapo, in tre distinti gruppi l'opera sua, per meglio dimostrare altresì come il progresso artistico si allarghi e raggiunga il compimento. Pongo nel primo le liriche che più procedono dai siciliani; nel secondo quelle che derivano dalla casistica d'amore, dalla filosofia, e dalla sottile dialettica; nell'ultima infine quelle che più delle altre si accostano alla purezza della forma, alla verità del contenuto.

La prima ballata che noi prendiamo in esame ci trasporta affatto in un terreno profumato dai verzieri di Provenza: il poeta innamorato manda Amore a Madonna (vecchie e fredde figure d'una lirica glaciale, senza un palpito di vita e di sentimento), per pregarla ad *alleviare le sue pene*. Sentite questi versi (1):

(1) **Nannucci**, *Manuale*, I, 241-242.

3

Io sono Amor, che per mia libertate
    venuto sono a voi, donna piacente,
    chè al mio leal servente.
    sue gravi pene degnate alleggiare.
Madonna e' non mi manda, e questo è certo,
    ma io vedendo il suo forte penare
    e l' angosciare - che il tene il malenanza
    mi mossi con pietanza - a voi venendo,
    chè sempre tene suo viso coverto
    e gli occhi suoi non finan di plorare,
    e lamentare - di sua debol possanza
    mercede alla sua manza - e a me cherendo.
    Per voi non mora, perch' io lo difendo;
    mostrate in ver di lui vostra allegranza
    sì ch' aggia benimanza;
    mercè, se 'l fate ancor poria campare (1).

Chi non ricorda a questi versi tante canzoni di Jacopo da Lentini, e di Inghilfredi e di Mazzeo Ricco e di tanti altri rimatori siciliani, pei quali la poesia era una fredda espressione dei sentimenti, tutta concettini e giochetti di

(1) Il **Nannucci** (op. cit. 241-245) confrontò questa ballata con una canzone provenzale: riporto i versi che assomigliano a quella di Lapo Gianni trascritti:

    E dis li: donna, Dieus vossal
        messatje soi, no us sapcha mal,
        se vos dic per que soi aissi
        vengutz a vos en est jardi:
        lo mielher cavayer c' anc fos
        e 'l pus agant, e 'l pus josoz,
        Antjphanor, lo filh del rey...
        vos tramet salutz un mil vetz,
        e pregua us, per mi que l' ametz
        car senes vos non pot guerir
        Del mal d' amor, qu' el fai languir.

parole, senza una sola ombra di sentimento e di verita? (1)
Trovate voi forse in questi versi una sola di quelle doti
che caratterizzano un poeta? Vedete la personificazione
d'amore che va a chiedere mercede a *Madonna?* No, sono
espressioni, affastellate, senza un ordine, senza un po' di
sentimento, piene di forme dialettali che vincono in rozzezza i più rozzi siciliani. Nè più gentili, o tersi, o almeno veri, sono i versi di Madonna, la quale cede, come
in Ciullo e in Ciàcco dell'Anguillara, alle istanze d'A-
more (2):

> Non si conven a me, gentil signore,
>   a tal messaggio far mala accoglienza,
>   vostra presenza – vo' guiderdonare,
>   siccome suole usare – buona ragione.
>   Veniste a me con si libero cuore
>   di vostro servo avendo cordoglianza:
>   gran conoscenza – lo vi fece fare,
>   ond' io vo' dare – al suo mal guarigione,

e fino a questo punto le cose non camminerebbero del
tutto male; è un provenzale pettinato alla siciliana, ma

---

(1) Alquanto simili a questo imbratto di ballata di **Lapo** a me sembrano le seguenti: Di **Jacopo da Lentini:** *Madonna dir vi voglio
Come l'Amor m' ha priso;* e *Membrando ciò che Amore Mi fa soffrire
e sento* ecc.; *Maravigliosamente Un amor mi distringe* ecc.; di **Inghilfredi** specialmente la Canzone *Audite forte cosa che m'avvene,* e di
Mazzeo Ricco la tenzone *Lo core innamorato, Messere, si lamenta* ecc.

(2) E come, aggiungiamo qui in nota, come cede nel poeta provenzale la donna alla parlata del pappagallo:

> E puz tan me voletz preiar
> d'Antiphanor, vostre senhor,
> luy reclam pel Dieu d'Amor:
> anatz vos eu qu' ie us do comiatz.
> e pregui vos que li dignatz
> qu' ien en breumen m'acordaray
> que pels vostres precx l' amaray ecc.

ecco la chiusa della risposta di madonna che viene tutto a guastare:

> Portateli lo cor ch'avea in prigione,
> e da mia parte li date allegranza;
> che stea fermo a sua manza
> di buono amore puro da laudare,

versi che ci fanno ridere, e pensare che su questi modelli, su queste esercitazioni si fondò tutta la scuola siciliana. Non domandate dove consista il diffetto di questa lirica vuota e fredda, perchè non vi si può rispondere. Mancava la verità, l'espressione esatta e naturale dei sentimenti umani, il prestigio di saper dire le cose nella loro semplice realtà, senza affogarsi, senza impelagarsi nei convenzionalismi, nelle forme trite e barocche. Il segreto sta tutto in ciò: saper dire il vero con verità; essere giusti nel definire gli affetti, dettare ciò che il cuore suggerisce con semplicità e con naturalezza. Ai siciliani mancava un'idealità: scrivevano ciò che la mente dettava, mentre il cuore non diceva nulla: scrivevano *per* scrivere, senz'altro fine: non avevano altro scopo se non quello d'imbrancarsi fra i tanti altri che sapevano *trovare* d'amore.

Un'altra ballata di Lapo addimostrerà sempre più le tendenze della lirica siciliana congiunte, abbarbicate, quasi, colla lirica nuova. Il poeta vuol lodare l'amore: tema vecchio, su cui si erano già esercitati altri molti, e fra i quali Jacopo da Lentino e con quella forma che ognuno conosce. Ebbene Lapo Gianni comincia con quattro versi che sembrano preconizzare una nuova forma di stile; v'è un sentimento fine che li domina, sono, in qualche parte, veri:

Amore, io non son degno ricordare
tua nobilitate e tuo conoscimento,
però chiedo perdon, se fallimento
forse di me, volendoti laudare, (1)

dove, perdonato il *fallimento* del verso terzo, la stanza
procede assai bene, ed ecco venire fuori versi come questi:

Eo laudo Amor di me a voi, amanti,
che m'ha sor tutti quanti — meritato
e 'n sulla rota locato — vermente:
chè la 'nde io solea aver torment' e — pianti
aggia sì buon sembianti — d'ogni lato
che salutato — son bonariamente.
Grazia e mercede a tal signor valente
che m'ha sì altamente — tormentato
e sublimato — su quel giro tondo,
che in questo mondo — non mi credo pare,

dove troviamo i bisticci del notaio da Lentini e una analisi fredda e compassata dei sentimenti, in forma rozza e
quasi ineducata; senza un soffio di quella vita che pal-
pitava nei Canzonieri del dolce stil nuovo. E se conti-
nuassimo ancora, troveremmo alla stanza terza di questa
stessa ballata un misto di *baronaggio* e di *riparaggio* e
di *cordoglianza* e di *perdenza* e un bisticcio come questo:
*poi che'l gli ebbe donato M'ha poi sempre degnato-salu-
tare*, che ci trasporta a piè pari alla lirica popolare dei
siciliani (2). E vegga chi vuole, oltre le ballate suaccen-

---

(1) **Mannucci**, *Manuale*, I, 240-247.
(2) Ecco le strofe che io trascrivo in nota:

Vedete, amanti come egli è umile
e di gentile — e d'alter baronaggio,

nate anche le altre *Novelle grazie alla novella gioia* e *Gentil donna cortese e di buon aire*, che furono certamente scritte da Lapo Gianni quando l'innovazione artistica del Guinicelli non aveva ancora apportato i germi d'una lirica nuova (1).

È curiosa e, al tempo stesso, significantissima questa doppia manifestazione artistica di Lapo Gianni e perchè da sola ci presenta i graduati distacchi dello svolgimento lirico, e perchè ci addita tutti i diffetti ed i pregi di due principali scuole letterarie svolgentisi con opposti intendimenti artistici. In queste ballate, di cui abbiamo riportati alcuni versi, il poeta è un continuatore fedele delle tendenze sicule-provenzali, e perciò ha i diffetti di quella scuola che al comparire del Cavalcanti non ebbe più ragione d'esistere (2); vediamo ora una nuova evoluzione artistica, nello stesso Lapo Gianni, esercitata dall'influenza di Guido Guinicelli.

> ed ha il cor saggio — in fina conoscenza
> chè me vedendo venuto sì a vile
> si mosse il signorile — come messaggio, (!!)
> fè riparaggio — alla mia cordoglianza
> e racquistò il mio cor ch'era in perdenza,
> di quella che m'avea tanto sdegnato.
> Poi ch'el gli ebbe donato
> m'ha poi sempre degnato — salutare.

(1) **Mannucci,** I, 244-245. Questa ballata ha versi come questi: *Io fui sì tosto servente di voi Come d'un raggio gentile amoroso Da'vostri occhi mi venne uno splendore, Lo qual d'amor si mi comprese poi Ch'avanti voi sempre fui pauroso, Sì maccerchiava la temenza il core.*

(2) Dimostrerò nondimeno più avanti come Lapo Gianni, anche dove più ritiene le vecchie forme tipiche e le freddure dei sicule-provenzali, ha tuttavia lievemente progredito, ha *ingentilita* la forma, mi si passi la parola, e non si ritenga per un epigramma. A questo fatto accennò già, sebbene alla sfuggita, **Adolfo Bartoli,** di cui vedi *I due primi secoli, (Svolgimento della lirica)* e la *Storia della letteratura Ital.,* Vol. IV, pag. 1-7.

È innegabile che la casistica e le deffinizioni d'amore non risalgano ai primissimi tempi, forse alle origini della poesia italiana, certamente poi quando Pier delle Vigne scriveva il sonetto *Poichè amore non si può vedere* e il Mostacci e Jacopo da Lentino gli rispondevano. Questa lirica erotica e metafisica poteva segnare, e diffatti lo segnò, un proprio e vero indirizzo artistico, di cui questa era la meta: scrivere ciò che la mente pensa, esser logici ragionatori, esser filosofi che con profondità di mente studiano i più alti problemi; e credo che questa scuola, che il Guinicelli ampliò dal rozzo Guittone, avesse potuto da sola, compiere quello svolgimento artistico che i toscani conseguirono (1).

Avvenne però che quelle deffinizioni d'amore, sulle quali molti rimatori si esercitarono, posero un confine al mondo siculo-provenzale che minacciava di allagare l'Italia colle sue freddure e coi suoi concettini, e il Guinicelli, il più vero rappresentante di questa lirica innovatrice, giunse a segnare un vero indirizzo artistico, in opposizione alle tendenze siciliane, onde se anche prima del bolognese Guittone e l'Urbicciani, Pier delle Vigne e il Mostacci si dilettarono di codeste deffinizioni d'amore, quando il Guinicelli comparve nella scena dell'arte non solo si coltivò, ma quella tendenza lirica divenne norma ed oggetto di tutta la poesia della seconda metà del se-

(1) Si vegga lo scritto, già citato, del **Monaci**, nella *Nuova antologia*. Se i primi sonetti che contengono definizioni d'amore furon scritti in Bologna, essi racchiudono adunque il primo germe di quell'indirizzo artistico che il **Guinicelli** innovò: mi pare quindi di esser nel vero, asserendo che questa lirica erotica-metafisica poteva segnare un proprio e vero indirizzo artistico, e il fatto si spiega anche da ciò, che la casistica d'amore stuona in mezzo a quel diluvio di canzoni e sonetti della scuola siciliana. Mi pare esser nel giusto.

colo XIII (1). Era un primo tentativo di informare l'arte
a rappresentare i sentimenti che l'anima prova; era un
primo sforzo di rappresentare le cose in quel modo che
amore le ispira (2).

Però, penetrati in questo piccolo mondo artistico del
Guinicelli noi ci troviamo perfettamente agli antipodi colla
scuola siciliana. Non abbiamo ancora in lui il poeta, nel
vero senso della parola, ma abbiamo l'artista: abbiamo
una poesia che mostra l'ingegno fine e sottile di chi l'ha
composta, abbiamo il completo abbandono del mondo siculo-provenzale, falso e vuoto, e il poeta è un filosofo,
e la poesia è una dissertazione dialettica, procedente sempre dalle speculazioni platoniche. Quindi allargato, studiato ed analizzato il concetto di Dante *Amor e cor gentil sono una cosa* (3); e quindi l'amore studiato filoso-

---

(1) Per chi, come me, fosse vago di queste definizioni d'amore, ne
riporterò alcune, rimandando al mio *Saggio di commento alle canzoni di
G. Guinicelli*, altre volte citato: **Guittone** ha:

> Secondo ciò che pone alcun autore
> Amore un desiderio d'animo ene.

meglio ancora l'**Orbicciani**, a proposito del tema *Amor e cor gentil
sono una cosa*, così studiato e sviscerato dal **Guinicelli**:

> Quando gli appare amor, prende suo loco,
> sendo deliberato, non dimora
> in cor che sia di gentilezza fuori.

Più compiti e più significanti sono i due sonetti: *Poichè amore non si
può vedere* del **Vigna** e l'altro: *Sollecitando un poco il mio savere* del
Mostacci.

(2) Il bell'esempio di questo tentativo ce lo dà il **Guinicelli** stesso.
Nella sua celebre canzone *Al cor gentil*, termina con un accenno alla
donna, fatta contro delle sue aspirazioni, che *tenea d'angel sembianza*,
e pare del regno divino, onde il poeta si scusa, affinchè *non gli sia fallo
se le pose amanza*. Però nel bolognese non v'è ancora la rappresentazione vera e naturale degli effetti, anzi da quella siamo ancor molto lontani.

(3) *Vita nuova*, XX.

ficamente, e la donna, innalzata all'essere divino, paragonata alla stella Diana (1), e intorno e intorno un nugolo
di rimatori e di poeti provarsi a questa lirica nuova che
congiungeva la poesia alla dialettica, e tutti domandarsi
con Guido Orlandi: *Onde si move e donde nasce amore?* (2).

La casistica amorosa, notava Adolfo Bartoli (3), non
poteva certamente andar più oltre: era giunta al suo ter-
mine estremo. L'Orlandi aveva fatte tante e sì sottili do-
mande al povero Cavalcanti, e aveva terminato con una
sì pungente impertinenza (4), che il massimo Guido, rispose colla celebre canzone *Donna mi prega,* e credendo
di aver risolte le questioni che l'Orlandi gli aveva sotto-
poste, le diceva: *ch'io t'ho sì adornata Ch' assai lodata —
sarà tua ragione Delle persone — ch' hanno intendimento.*
E il Cavalcanti qui fu già tanto sottile che Egidio Romano,
Paolo del Rosso, Dino del Garbo e più tardi Marsilio Fe-
cino affaticarono il loro ingegno per commentarla e Lorenzo de' Medici la chiamò *mirabilissima* (5).

---

(1) Vedi del **Guinicelli** la stupenda canzone: *Con gran desio pensando lungamente* ecc., una delle più pensatamente scritte dal poeta bolognese, e i sonetti: *Veduto ho la lucente stella Diana; e Io vo' del ver
la mia donna laudare.* Se gli effetti del saluto della donna amata, vedi il
suo bel sonetto: *Lo vostro bel saluto e 'l gentil guardo Che fate quando
v' incontro, m' ancide.*

(2) Sempre per chi ama le definizioni d'amore, su cui, a mio modo
di vedere, si basa la poesia artistica del secolo XIII, vegga, oltre il mio
Commento alle rime del Guinicelli (pag. 37-39 e 42-44), vegga la
Vita Nuova a cura di **Alessandro d'Ancona** (2ᵉ edizione, Pisa, Nistri,
1884), ed una curiosa pubblicazione del Cav. **Antonio Capelli:** *Che
cosa è Amore,* sonetti tratti da un codice estense del secolo XV, pubbli-
cati per nozze d'una figlia dell'Insigne Comm. **Zambrini.**

(3) *Stor. della Lett. It.,* IV, Cap. II **Guido Orlandi** e **Gianni Alfani.**

(4) Sta, a nostro avviso, negli ultimi due versi, del sonetto.

(5) *Epistola al maggior Federico.*

Di deffinizioni sulla natura d'amore ne abbiamo parecchie, e forse esse sono i primi monumenti artistici della poesia italiana. Queste deffinizioni tendevano a caratterizzare, e personificare l'amore — tema favorito ed unico della melica dei primi due secoli — definendo che cosa egli sia e come e *d'onde prenda movimento*. Le risposte dei diversi poeti sono molte, e simili fra loro. Jacopo da Lentino disse, con uno di quei bisticci a lui tanto cari: *fin amor da fin cor vien di valenza*, dove c'è già l'*Amor che in gentil cor ratto s'apprende* e *Al cor gentil ripara sempre amore*, onde il Poliziano fece *Amor non vien se non per gentilezza Nè gentilezza regna senza amore*. Tutto questo valga per stabilire che amore non sta altro che in un cuore gentile, proprio come disse Buonagiunta Orbicciani, *Quando gli appare Amor prende suo loco, Sendo deliberato, non dimora In cor che sia da gentilezza fuora*.

Ma tutto ciò non definisce, e non risponde precisamente alla domanda del bizzarro e mordace Orlandi *Onde si muove e d'onde nasce amore*. La vera deffinizione l'ha data il Guinicelli: *È par che da verace piacimento Lo fino Amor discenda Guardando quel che al cor torni piacente* (1). Vera, ma non compiuta: amore nasce da piacere: anche Cino lo disse (2), ma non troviamo però nel Guinicelli definito che cosa sia veramente l'Amore. Dante disse anch'egli, quasi come il bolognese: *Beltade appare in bella donna pui Che piace al occhi, sì che dentro al core Nasce un desio della cosa piacente* (3), ma non deffinisce

(1) **Guinicelli,** Canzone *Con gran disio pensando lungamente* ecc.
(2) *Amor che nasce da simil piacere*. Anche **Guittone**, a un dipresso disse: *che da vero piacere. Sapemo ed è vertà che è nato Amore*.
(3) **Dante**, *Vita nuova*, XX: Sonetto: *Amore e cor gentil sono una cosa Sì come il saggio in suo dittato pone*.

la vera natura d'amore. Compì la deffinizione Cino da
Pistoia e disse: *Amore è uno spirito che uccide Che nasce
di piacere e vien per guardo.*

Questa deffinizione parve proprio rispondere al bisogno; fu reputata la più vera e la più esatta. Infatti mentre essa allarga la deffinizione del Guinicelli la completa
e dice che l'amore è uno *spirito che ancide:* il segreto
par svelato: amore è uno spirito che nasce dal piacere e
viene pel guardo.

E quanti *spiriti* e *spiritelli* noi incontriamo nei poeti
e rimatori del primo secolo. Comincia il *Massimo* Guido
con un sonetto che par fatto da Jacopo da Lentino, dove
in ogni verso troviamo lo *spirito* e lo *spiritello* un vero
zibaldone, tutte freddure e giocchetti di parole e in altre
rime dello stesso Cavalcanti troviamo questi *spiriti* (1),
così in Cino da Pistoia e in tutti i rimatori della scuola
toscana. Sono sottigliezze, le quali escludono la vera poe-

---

(1) Ecco il sonetto del **Cavalcanti** per intero:

Per gli occhi fere un spirito sottile
    che fa in la mente spirito destare,
    da qual si muove spirito d'amare
    e ogni altro spiritello fa gentile.
Sentir non può di lui spirito vile
    di cotante virtù spirito appare:
    questo è lo spiritel che fa tremare
    lo spiritel che fa una donna umile.
Poi da questo spirito si move
    un altro dolce spirito soave
    che siegue un spiritello di mercede.
Lo quale spiritel spiriti piove
    che di ciascuno spirito ha la chiave
    per forza d'uno spirito ch'el vede.

Figuriamoci quanta invidia avrà avuto l'**Orlandi**, vedendosi superato in
sottigliezza dal *Massimo* Guido! Vedi **D'Ancona**, *Vit. Nov.* 105-106.

sia, l'espansione del cuore, la riflessione d'un sentimento, perchè, colle filosofiche speculazioni mal s'accordano le espansioni dell'alma.

Però, notava e giustamente il Bartoli (1), mentre questo linguaggio erotico metafisico signoreggiava tutta la poesia artistica, e ad ogni piè sospinto troviamo gli *spiriti* e gli *spiritelli*, riceve un ampio sviluppo nell'arte di quei lirici che dal Guinicelli derivarono. Abbiamo le vecchie forme, abbiamo gli *spiriti* e gli *spiritelli*, analizzati dalle dottrine platoniche, aristoteliche e tomistiche, ma l'arte vera è tenuta in seconda linea da quelle astruserie filosofiche e non può avvicinarsi alla vera rappresentazione dei sentimenti e degli affetti. E anche questo noi vedremo splendidamente provato in Lapo Gianni, l'opera del quale volemmo divisa in tre distinti gruppi: *siculo-provenzale*, di cui abbiamo alcun poco parlato: *erotica-filosofica*, cioè discendente e collegantesi con l'opera del Guinicelli: *lirica nuova* in fine, quella che accenna al progresso artistico della scuola toscana.

Noto anzitutto che sì nel Gianni, che nel Frescobaldi nell'Alfani e nell'Orlandi questa tendenza *erotico guinicelliana* si mantiene e domina in gran parte dell'opera loro, avvertendo però che l'Orlandi procede specialmente da due tendenze artistiche: o fu provenzaleggiante, e fu allora vuoto, freddo, inutile; o fu guinicelliano, e fu sottile tanto da toccare l'esagerazione (2). Tutto questo per

---

(1) **Bartoli**, *St. cit.*, Vol. IV, 5.

(2) E così i sonetti sono guinicelliani, o meglio derivanti dalle sottili elucubrazioni filosofiche, ma toccano l'esagerazione: il sonetto doppio: *Ragionando d'amore*, e la ballata: *Come servo francato; — Partire amor non oso; — Lo gran piacer ch'io porto immaginato*, tengono dei provenzali i luoghi comuni e la scoria. Il **Trucchi** (I, 215) pubblicò una ballata inedita dell'**Orlandi**: *Come servo francato Sono servo d'amore*, simile alle altre.

dire con non soltanto Lapo Gianni, ma ancora il Frescobaldi e forse l' Alfani se non mostrano, come il notaio
fiorentino, i graduati progressi d' una lirica innovantesi intorno al Cavalcanti, pure anch' essi risentono le diverse in-
fluenze delle scuole che le precedettero (1).

Abbiamo visto il Gianni, rozzo come i siciliani, compiacersi delle freddure di Jacopo da Lentino e di Buonaggiunta Orbicciani, senza uno di quei palpiti di vita che caratterizzano le scuole toscane: vediamolo ora, dialettico e
guinicelliano, compiacersi degli *spiriti*.

In una sua ballata, del resto soavissima, che accenna
già ad un progresso della forma assai pronunciato abbiamo
subito questi *spiriti*:

> Nel vostro viso angelico amoroso
>   vidi i begli occhi e la luce brunetta
>   ch' invece di saetta
>   mise pe' miei lo *spirito* vezzoso;

proprio come disse Cino: *Amore è uno spirito che uccide
Che nasce di pacere e vien per guardo.* E continua:

> Tutto venne in suo abito gentile
>   Quel nuovo spiritel nella mia mente
>   che il cor s' allegra della sua veduta.
>   Depose giù l' aspetto signorile
>   parlando a sensi tutto umilmente
>   ch' ogni mio spirito allora il saluta (2).

_____

(1) L' **Alfani**, coi versi sul *bel saluto* della sua donna, ha mostrato
una caratteristica di questa nuova scuola. Il concetto: *Con gli occhi mi
tolse Il cor, quando si volse Per salutarmi, e non mel rendè mai*, fu
il rivestimento del pensiero guinicelliano: *Da verace piacimento Lo fino
amor discende Guardando quel che al cor torna piacente*, e si trova ri-
petuto molte volte dai rimatori toscani.

(2) **Mannucci**, *Manuale*, I, 254.

Con tutti questi spiriti vedete voi nulla? In questa casistica amorosa trovate il· sentimento, gli affetti del poeta, o piuttosto non avete un sottilizzare intorno a speculazioni erotico-dialettiche, senza concluder nulla di serio?

In un' altra ballata il poeta comincia con quattro versi degni del Cavalcanti:

> Angelica figura nuovamente
>   Dal ciel venuta a spander tua salute,
>   tutta la sua virtute
>   ha in te locato l' alto Dio d' amore, (1)

versi che mi ricordano i danteschi: *Credo che in ciel nascesse esta soprana E venne in terra per nostra salute* (2), e ancora gli altri: *E par che sia una cosa venuta* ecc. e ancora gli altri del Petrarca: *Poichè Dio e natura ed amor volse Locar compitamente ogni virtude In que' begli occhi ond' io gioioso vivo* (3). Se il poeta continuasse con questo tono, con questa patetica invocazione della donna divinizzata e perciò fatta centro di tutte le virtù *celesti*, noi avremmo una ballata piena di sentimento *e di* verità. Dante disse:

> Dagli occhi suoi, come ch'ella gli mova,
>   escono spirti d' amore inflammati
>   che fieron gli occhi a quel ch'allor li guata
>   e passan sì che il cor ciascun ritrova,

sentimento derivato dai soliti spiritelli, di cui son piene le rime del dugento, ma Lapo Gianni continua subito dopo:

(1) **Mannucci**, *Manuale*, 1, 247-249.
(2) **Dante**, Rime.
(3) **Petrarca.**

Dentro al tuo cor si mosse un spiritello
che uscì per gli occhi, e vennemi a ferire
quando guardai lo tuo viso amoroso,
e fe' il cammin pe' miei sì fiero e *snello*
che il core e l'alma fece via partire
dormendo l'uno e l'altro pauroso,

nei quali versi il poeta volendo sottilizzare non riesce che a darvi una fredda analisi di sentimenti, e per fino dice che lo *spiritello* fece, attraverso ai suoi occhi, un cammino fiero e *snello*, cioè veloce. Diffetto questo anche di Dino Frescobaldi, il quale in un sonetto cominciò con questi quattro bellissimi versi:

Per tanto pianger che i miei occhi fanno,
lasso, faranno l'altra gente accorta
dell'aspra pena che lo mio cor porta
delli rei colpi, che ferito l'hanno,

dove ti par di sentire un'eco del Petrarca, tanto il poeta s'è studiato di rendere intero il suo dolore, la sua angoscia: potrebbe continuare, potrebbe compire questa pittura del suo dolore: ma invece vuol sottilizzare, vuol introdurci o per dritto o per traverso un concetto filosofico, e vengon fuori gli spiriti:

Che i miei dolenti spiriti, che vanno
pietà caendo, che per loro è morta,
fuor della labbia sbigottita e smorta
partirsi vinti e ritornar non sanno, (1)

(1) Vedi anche del **Frescobaldi** quel sonetto che comincia *Poscia ch'io veggio l'anima partita*, e nota l'identico diffetto del riportato sonetto. Alla prima terzina trovo subito: *Un gentiletto spirito soave Che piglia poi la signoria d'amore;* il quale poi, alla sua volta, ha d'ogni suo *spirito la chiave*, ecc.

dove quegli *spiriti dolenti*, che *ritornar non sanno* gua-
stano tutto il concetto primitivo, e la pittura del suo dolore.

Ma non solamente gli *spiriti* e gli *spiritelli* troviamo
nella poesia di Lapo e dei rimatori toscani dugentisti: abbiamo anche lo studio filosofico sull' amore. Quando Cino
disse: *Amore è uno spirito che uccide Che nasce di piacere e vien per guardo*, completò la definizione d' amore,
intorno alla quale tanti s' erano esercitati (1), e nacque la
poesia degli *spiriti*, giunta al massimo colmo col sonetto
del Cavalcanti; ma un' altra poesia era già anteriormente
stata in gran voga; la erotica-metafisica del Guinicelli,
dove il poeta era filosofo, e materia della sua lirica non
era l' affetto, ma la sottile elucubrazione filosofica. Anche
quest' ultima tendenza artistica noi vediamo appunto in
Lapo Gianni, e ci apprestiamo ad accennarla.

La dialettica, oltre al Guinicelli e pochi altri bolognesi, fu seguita dal Frescobaldi, dall' Allighieri, da Cino,
come studio psicologico dell' amore, senza che si presenti
in essi la smania di filosofare, o di procedere con sottigliezze inutili e vuote: — eccezione forse il maldicente
Guido Orlandi e il Cavalcanti che in quella sua *celebre*
canzone sull' amore mostra l' intenzione sua di sottilizzare
con freddure, giochetti di parole, che piacquero tanto a
Dino del Garbo e a Marsilio Ficino. Non ne facciamo una
colpa ai *nuovi* autori toscani, riconoscendo che per essi
era impossibile combattere contro una tendenza artistica
che aveva signoreggiato un' epoca letteraria. Anche Lapo
Gianni, oltre alla poesia siculo-provenzale e gli *spiriti* e
i *spiritelli*, fa il dialettico, sviluppando l' opera del Guinicelli, filosofando sulle *cinque proprietadi d' amore*. Ed

(1) Vedi anche la *canzonatura* alle definizioni d' amore, fatta dal-
l' **Orcagna** con quel sonetto: *Molti volendo dir che fosse amore*.

è curioso il vedere che oltre la sua dissertazione filosofica egli dice di provare quel che asserisce, proprio come nelle discussioni teologiche, e ad ogni istanza incontrate *provo ciò, provol; provo ben ciò* e via via.

Questo ho voluto accennare per concludere poi come questa smania dialettica di provare ciò che asserisce non discendesse direttamente dal Guinicelli, dalla cui lirica però largamente attingeva, e per convincersene basta leggere la prima stanza: (1)

> Amor, nuova ed antica vanitate
>   tu fosti sempre, e sei' gnudo com' ombra;
>   dunque vestir non puoi, se non di guai.
> Deh! chi ti dona tanta potestate
>   ch' umanamente il tuo potere ingombra
>   e ciaschedun di senno ignudo fai?
> *Provo ciò;* chè sovente ti portai
>   nella mia mente e da te fui diviso
>   di savere e di bene in poco giorno:
>   venendo teco mi mirava intorno,
>   e s'io vedea Madonna ch'ha il bel viso,
>   le sue bellezze fiso immaginava
>   e poi fuor della vista tormentava,

nei quali versi però, confessiamolo pure, non troviamo un solo di quegli splendidi concetti che con tanta vena d'immaginazione ornano le rime del Guinicelli, il quale ha bensì anch' egli le sue *gelide arguzie* (2), diciamolo anche

(1) Seguo per questa canzone, la lezione del Codice Chigiano L. VIII, 305, pubblicato dal **Monaci,** non la stampa de' **Giunti.**

(2) **Guinicelli** *(Canz.* Madonna il fine amore) *Sottile voglia vi potria mostrare Come di voi m' ha preso* **amore amaro.** Queste gelide arguzie trovò il **Carducci** anche in **Dante,** onde, e a ragione, egli lamenta che noi continuiamo ad accusare il **Petrarca** di freddure, quando anche nella Commedia ne abbiamo, più che non vogliansi, indizî. Vedi **Carducci,** *Delle rime di Dante Allighieri,* 164-166.

4

noi col Carducci, ma non s'è mai sognato di dipingervi amore *vestito guai* che fa *ciaschedun di senno ignudo;* ma non vogliamo accorgercene, per ridere di miglior gusto alle mattezze del Marino, dell'Achillini e del Preti. Ne riporto un' altra stanza perchè credo che il lettore si diverte :

> Amor, infante povero d' etate
> per giovinezza sembri un babbuino
> a chi sovente rimira il tuo aspetto
> Deh! come hai poca di stabilitate
> che sempre sei trovato per cammino
> mettendo in corpo umano il tuo difetto!
> *Provo ciò;* che il tuo senno pargoletto
> m' avea il debole cor sorviziato
> e l'alma forsennata e l'altre membra
> molte fiate stanno teco insembla
> e rimembrando il tuo giovine stato
> dicea: oime! fallace gioventute
> come hai poca radice di salute!

dove nel primo verso ci pare di sentire un'eco preannunziatrice dell'altro del Marini: (Amore) *Vecchio lattante e pargoletto antico.* Bello poi è quell'amore che per giovanezza, sembra un babbuino a chi lo guardi; e bello pure il *diffetto* che egli mette in corpo umano!

No, questa lirica metafisica, io diceva in altro mio scritto a proposito della lirica Guinicelliana (1), sarà impressione giusta di ciò che colpisce i nostri sensi, sarà una analisi giusta dei sentimenti, studiati psicologicamente, ma non è, nè può dirsi poesia. Aggiungete poi che in Łapo non si trovano quei vivi guizzi di luce che ornano la filosofia guinicelliana: abbiamo invece un imitatore, un di-

---

(1) *Saggio di Comm. alle Canzoni* ecc.

lettante delle vecchie forme ora provenzaleggiante, ora
così strettamente dialettico da volersi tale, ad ogni passo
mostrare coi *provo ciò* e coi *provol*, che poi in fondo, non
provano nulla. Ha perfettamente ragione Adolfo Bartoli (1),
quando scrive: che poesia vera, espansione forte di sentimento, o anche riflessione sincera del cuore è difficile
che si accordi con questo fraseggiare astruso, con questo
sottilizzare acuto, con questa, insomma, indebita invasione
della filosofia nel campo dell'arte. Tant'è vero questo
che, dove le astruserie non ci sono, o dove ce ne son
meno l'arte è un poco più vicino alla verità.

Ma se in Lapo Gianni abbiamo veduti fino ad ora i
diffetti e le tendenze vecchie d'una lirica che non aveva
più ragione d'esistere, all'apparire della nuova scuola toscana, vedremo altresì l'innovatore e il poeta, rendendoci
piena ragione di ciò che Dante scrisse nell'Eloquio Volgare (2), cioè che *conobbero l'eccellenza del volgare Guido*
(Cavalcanti), *Lapo* (Gianni), *e **un altro**, fiorentini e Cino
pistoiese*.

VI.

Nel sesto cerchio del purgatorio, fra le anime che si
purgano dalla *dannosa colpa della gola*, Buonaggiunta che
mostra a Dante il desiderio di parlargli gli domanda:

> Ma dì s'io veggio qui colui che fuore
> trasse le nuove rime, cominciando
> *Donne ch'avete intelletto d'amore,*

e Dante secco secco risponde:

(1) **Bartoli**, *St. della lett. It.* IV, I, 13.
(2) **Dante**, *Volgare Eloquio*, I, XIII.

Io mi son un che quando
Amore spira noto, ed a quel modo
che detta dentro vo significando.

Questi versi della *Commedia* stanno a provare due cose: e che Dante, come notava il Carducci (1), « operò un vero rinnovamento nella lirica italiana, e l'operò con sua consapevolezza e anche di quelli contro i quali era fatto », e che la canzone della Vita Nuova *Donne che avete intelletto d'amore*, segna già l'idea d'un rivolgimento che si manifestò gradatamente coi rimatori della scuola Toscana. Vediamo adunque come questo progresso artistico, questa innovazione prese movimento e partì; e come e con qual periodo d'elaborazione giunsero all'eccellenza del dolce stil nuovo i poeti della scuola Toscana.

Abbiamo più addietro notato come due principalmente siano le tendenze della lirica che procedeva dalla scuola sicula-provenzale e bolognese; ammettemmo cioè due correnti, che sempre si mantengono distinte, e che si possono facilmente seguire, di cui una profumata dai *verzieri* di Provenza; l'altra irta di sottili speculazioni *filosofiche*, e dicemmo che procedendo dall'una e dall'altra di queste scuole sorse il gruppo toscano.

Non soltanto in Lapo Gianni, ma ancora in altri poeti della nuova scuola, noi troviamo questo combattersi, riproducendosi e ripulendosi, dalle diverse tendenze artistiche che li avevano preceduti. Taccio di Guido Orlandi, il bizzarro e mordacissimo rimatore che pareva spassarsela col fare lo zanni, pigliando, specialmente, di mira il Cavalcanti, e dicendogli che molto usa nelle corti d'amore (2), cosa che gli ripetè già l'Alfani in quel sonetto *Guido, quel*

---

(1) **Carducci**, *Delle rime di D. A.*, in *Studi letterari*, p. 170 e seg.
(2) Son. *Onde si move e d'onde nasce amore.*

Gianni che a te fu l'altr'ieri (1), e rispondendo, troppo per le rime, a quel suo sonetto *Una figura della donna mia* (2). Dippoi l'Orlandi, come ebbi a far notare altrove, ci ha l'aria d'un rimatore che non sa quel che faccia, e barcolla fra la dialettica e la lirica popolare-provenzale, e appartiene, più che per merito, per ragione di tempo o di relazione, co'toscani del dolce stil nuovo.

Anche con Cino da Pistoia, troviamo qua e colà rimembranze di una scuola lirica che non doveva più esistere (3): troviamo il poeta compiacersi di freddure e di giocchetti di parole, diffetto che si trova in tutti gli autori e di cui si fa carico al solo Petrarca, ma con Cino l'arte s'è già totalmente sviluppata, ha già raggiunta la propria eccellenza, e i diffetti che in lui si riscontrano sono gli ultimi ricordi di una lirica trascorsa che qua e là vengon fuori timidi e sommessi, nascosti e protetti da una forma elegantissima, cullati da un finissimo sentimento.

Guido Cavalcanti, che fu il poeta del dolce stil nuovo ci presenta subito, come il buon Lapo Gianni, questa diversa manifestazione delle tendenze liriche già andate in disuso. Provenzaleggia colle pastorelle; si mostra dotto in amore contrastando coll'Orlandi, e piacque molto a Dino del Garbo, e Marsilio Ficino, a Lorenzo de'Medici: fu anche seguace del Lentinese e dell'Orbicciani colla poesia degli spiriti, ma seppe anche essere vèro, comprese il se-

---

(1) Il sonetto dell'**Alfani** termina così:

> Io le risposi, che tu senza inganno
> portavi pien di tai saette un sacco,

quasi come il frizzo, l'ironia dell'**Orlandi**: *Perch'ado molto usato in la sua corte.* Vedi anche il Son. *Se avessi detto* ect.

(2) **Orlandi**, Son. doppio: *Se avessi detto amico di Maria,* ecc.

(3) Tali mi sembrano tutti i sonetti dove egli gioca col nome Selvaggia, come il **Petrarca** con Laura.

greto di dettare ciò che il cuore ispira, e seppe raggiungere la vera espressione del sentimento e dell'affetto quando scrisse la ballata: *Perch' io no spero di tornar giammai* ecc. E simili al Cavalcanti, quantunque di gran lunga minori, furono Dino Frescobaldi, Gianni Alfani e, come abbiamo mostrato, Lapo Gianni.

Conviene però avvertire che anche laddove questi poeti procedono dal periodo di *transizione*, (il qual periodo, secondo il Carducci, va dal 1260 all'82, e comprende l'opera artistica di Guittone d'Arezzo) e mostrano potentemente le orme di una lirica fredda e vuota, pure, anche in mezzo al ciarpame siculo provenzale si coglie un qualche fiore, sbocciato innavertitamente fra un mucchio di foglie secche, in mezzo alla poesia degli *spiriti*, c'è un sentimento vero che discende dal cuore.

In Lapo troviamo subito avverato ciò che abbiamo detto sopra. I primi quattro versi della prima ballata, la quale è largamente attinta dai provenzali (1), ha una certa dilicatezza di forma, che tolto il *servente* del verso terzo, parola che ricorda tutta una stucchevole lirica d'amore innaugurata dai siciliani, essa mi sembra perfetta. E *così* gli altri:

> Amore io non son degno ricordare
> tua nobiltade e tuo conoscimento,
> però chiedo perdon se *fallimento*
> fosse di me, vogliandoti laudare,

dove non abbiamo che il *fallimento* da mettere in bando, e il sentimento scorre nitido e bello, e potrei moltiplicare

---

(1) Oltre al dialogo di Madonna col pappagallo si potrebbero fare altri confronti colla canzone di **Gaucelm Faidet** che incomincia: *Dona, messatge en sui Ben sapchatz, de celui Que vos am,* ecc.

gli esempi, se non che essendo così tenue l'opera di Lapo Gianni, il lettore, se vuole, può confrontare da sè.

Per me basta il far notare a chi legge come, anche quando i rimatori del dolce stil nuovo seguono o i provenzali, o i bolognesi, quando sono rozzi, volgari, o diallettici hanno sempre trasfuso nella loro lirica uno spirito di vita; hanno sempre tentato di esprimere i propri sentimenti con maggior verità: hanno, in una parola, sempre tentato il progresso della forma e con un non lungo periodo d'elaborazione artistica, l'hanno saputo raggiungere. Quando Dante, congedandosi una canzone disse: *Diletta mia novella, Ponete mente almen quanto io son bella*, svelava il segreto che doveva condurre alla eccellenza della forma, e tutti si adoperarono a raggiungere quell'indirizzo artistico che Dante avea segnato e che ampliarono il Cavalcanti e Cino.

VII.

Già Guido Guinicelli, il prototipo di quella tendenza lirica-filosofica che l'Orlandi doveva poi ridurre alle stupide sottigliezze dialettiche aveva cantato prima del 1270, quando vivevano ancora Tommaso d'Aquino e Bonaventura, che la sua donna

> Passa per via sì adorna e sì gentile
> che abbassa orgoglio a cui dona salute
> e fal di nostra fe' se non lo crede, (1)

e chiudeva il sonetto dicendo:

----

(1) **Guinicelli**, *Io vo' del ver la mia donna laudare*, che sta a pag. 35 della bella raccolta del **Casini**.

Ancor ve ne dirò maggior virtute:
null' uom può mal pensar finchè la vede,

prima ancora che Dante dicesse *Ancor le ha Dio per maggior grazia dato Che non può mal finir chi li ha parlato* (Vit. Nov. XIX). E prima di Dante e dei Toscani il Guinicelli aveva scritto il sonetto sugli effetti del saluto, che annunzia la comparsa del *Tanto gentile*, massime nella prima quartina:

Lo vostro bel saluto e 'l gentil guardo
che fate, quando v' incontro, m' ancide; (1)

e sempre prima dei Toscani, avea paragonata la sua donna alla *lucente stella Diana.... Che ha preso forma di figura umana* (2), ed era sì bella che avanti a lei tutto veniva meno:

Chè 'l vostro viso dà sì gran lumiera
che non è donna ch' abbia in se beltade
che a voi davanti non s' oscuri in cera,
Per voi tutte beltà sono affinate
e ciascuna fiorisce in sua maniera
lo giorno quando voi vi dimostrate; (3)

e collocata la sua donna *in la intelligenza dello cielo*, si scusa con Dio per avere egli mirato così in alto:

Donna, Dio mi dirà, che presumisti?
sendo l' anima mia a lui davante.
Lo ciel passasti e fino a me venisti

(1) **Casini**, *op. cit.* pag. 32.
(2) **Guinicelli**, Son.: *Veduto ho la lucente* ecc.
(3) Son. *Gentil donzella di pregio nomata.*

e desti in vano amor per un sembiante?
A me convien la laude
e a la regina del reame degno
per cui cessa ogni fraude.
Dir gli potrò: Tenea d' angel sembianza
che fosse del tuo regno;
non mi sia fallo s'io le posi amanza. (1)

Con Guido Guinicelli adunque si fa già sentire la prima aura annunziatrice di Dante. È un' eco che non parte dalle austere scuole bolognesi, ma è una voce che discende dal cuore: non abbiamo più solamente la mente che pensa, ma abbiamo il cuore che si sveglia, che, sentito il bisogno di esprimersi, si sforza di uscire dalle nebulosità metafisiche, per crearsi un' ideale che rasenta il divino, che è contemplato col desiderio d' un anima ardente. Il precursore della scuola toscana è Guido Guinicelli, in cui e la forma appare più tersa e corretta, e il contenuto riprende nuovo indirizzo, allorquando il concetto cavalleresco, teneva in seconda linea i provenzali: anche nel Guinicelli abbiamo una prima manifestazione dell' opera artistica del Cavalcanti, di Cino e di Dante.

(1) Canzone: *Al cor gentil ripara sempre amore*. Anche per **Onesto degli Onesti** la donna cominciava ad essere un' espressione reale: era già quella che doveva *rammentarsi della sua vita povra*: (Ball. *La partenza*) ed ancora in un sonetto che, in qualche parte mi ricorda una canzone del **Petrarca** *(A qualunque animal che alberga in terra) E se forza d' amor con vera prova Mi concedesse, d' umiltà vestita Ch' io la trovassi, sol un ora stando, Fora tanto gioiosa la mia vita Che qual me conoscesse risguardando Vedrebbe in me d' amor figura nova.* Anche **Semprebene della Braina** terminava una canzone così: *Però vi prego, dolce mia nemica Da voi si mova mercede e pietanza Sì che d' erranga mi traggiate, o donna, Che di mia vita voi siete colonna.* Tutto questo per dimostrare come anche nei bolognesi anteriori al *dolce stil nuovo* si trovino esempi di lirica in cui un primo sentimento di verità si fa sentire.

In Lapo Gianni, il rimatore importantissimo della scuola toscana, in cui si manifestano tutte le diverse tendenze della lirica italiana, questo accostarsi alla verità del sentimento, alla esatta espressione degli effetti si fa subito sentire. Dicemmo che anche là ovè più si mostra provenzaleggiante o rozzo troviamo in lui un qualche accenno alla verità dell'espressione; mostra lo sforzo d'esser vero, perciò il progresso artistico della forma in lui si può gradatamente seguire. Chi legge i versi:

> Dolce è il pensier che mi nutrica il core
> d'una giovane donna ch'ei desia,
> per cui si fè gentil l'anima mia
> poichè sposata la congiunse amore,

sente come una fresca aura di purezza dantesca; sente un profumo di *Vita nuova*. Chi legge poi gli altri versi:

> Angioletta in sembianza
> nuovamente è apparita,
> che m'uccide la vita,
> se amor non le dimostra sua possanza,

vede che alla fredda numerazione de'sentimenti è succeduto la estrinsecazione dei sentimenti, fatta con verità e con naturalezza. Questo serve a far notare a chi legge il progresso della lirica in un rimatore toscano, che, secondo Dante, *conobbe l'eccellenza del volgare*.

Scriveva Francesco De Sanctis (1) che il gruppo dei rimatori toscani sorgenti intorno a Guido Cavalcanti avea per codice d'amore il *Convito* di Dante. Erano *fedeli*

---

(1) **De Sanctis,** *Storia della letterat. it.* Vol. I.

d'amore, che vivevano amanti quasi tutti in quella Firenze, che più tardi, per volere di messer Corso Donati, caccierà dal suo seno l'Allighieri, scambiandosi sonetti e canzoni, procurando tutti d'uscire *dalla volgare schiera*, ispirati cantori di una donna, che apparteneva nel novero delle sessanta più belle. Noto, e solo incidentalmente, come questi amori dei poeti fiorentini colle donne più belle di quella città, si colleghi in parte col mondo cavalleresco de' provenzali, e come la donna rimanesse sempre o il centro delle aspirazioni, pei rimatori dialettici; o una donna che *tien d'angel sembianza* anche pei poeti che infusero nei loro versi il sentimento più fine (1).

Adunque i poeti fiorentini amavano e poetavano. Se il *Sirventese* di Dante ci fosse pervenuto potremmo ricostruire questo poema degli amori fiorentini; riedificare in parte una storia della loro vita; riassicurarci sulle relazioni che passavano fra i poeti della scuola toscana; in mancanza di quello, proviamoci a ricostruire quel bel poema d'amore andando a spizzico qua e là pei canzonieri de' poeti fiorentini.

Dobbiamo procedere molto cautamente nell'accettare tutte le notizie che la tradizione o gli scrittori ci hanno tramandato, come non sempre sicure ed inoppugnabili. Prova ne sia la questione sulla realtà o sulla allegoria della Beatrice, cui principalmente hanno preso parte il D'Ancona ed il Bartoli (2), questione che per molti la-

---

(1) Il Prof. **Tullio Ronconi** inserì nel *Propugnatore* un suo studio su l'amore in **Bernardo di Ventadorn** e in **Guido Cavalcanti**. Di questo saggio, che il **Bartoli** giudicò non molto favorevolmente, nella sua *Storia* citata, diremo alcune cose, in nota, più avanti.

(2) **D'Ancona**, *La Beatrice di Dante*, nel libro *La vita nuova* citata; **Bartoli**, Vol. IV.

scia ancora qualche dubbio insolùto, e così si dica sulle altre amanti dell'Alligbieri, dalla *Pietra* alla *Pargoletta* (1).

Poniamo anzitutto una questione: è egli ammissibile che questi amori di cui tanto parlano i poeti siano realmente esistiti? E qui mi permetto di rispondere che sì: cioè può credersi che Cino amasse una Selvaggia de' Vergiolesi, e il Cavalcanti una Vanna di Filippo, detta Primavera, figura di donna che si congiunge alla Beatrice della Vita Nova, e realmente esistita, essendo a lei accennato forse, dal Boccaccio (2), come non credo impossibile che quando il Guinicelli scriveva le ultime due stanze della canzone *al cor gentile*, pensasse proprio ad una donna reale, e il *Tenea d'angel sembianza* sia diretto a lei. Ma dubito, e credo di esser nel giusto, che l'opera del poeta sia direttamente a lei indirizzata, senza che nell'opera sua la realtà venga meno, e della donna rimanga il solo spirito, così idealizzato che par cosa del cielo (3). Così la Beatrice giovinetta, apparsa agli occhi di Dante, spogliò il proprio abito terreno per assumere una *forma divina*, restando però sempre nel pensiero e nella *mente*

---

(1) Sulle pretese amanti di Dante scrisse uno studio il Prof. **Bergman**, che il **Pitrè** inserì, traducendolo nel *Propugnatore*, però di poco valore. **Vittorio Imbriani**, nello stesso periodico, pubblicò una serie di studi sulle *Canzoni Pietrose di Dante*. Le pretese amanti, secondo il **Bergman** sarebbero: Beatrice, Pietra, Gentucca, Lia e la Pargoletta etc.

(2) **Dante,** *Vit. Nov.* XXXVI. A questo capitolo accennò il **Manni,** *St. del Decam.* II, Cap. IV. Vedi a pag. 36 del nostro scritto, nota 3. Del resto molte sono le pretese amanti del **Cavalcanti.** Oltre la Vanna, abbiamo la Mandetta; la *giovane donna di Tolosa;* la Pastorella, la Pinella, come accenna un sonetto di **Bernardo da Bologna** *(A quel amorosetta forosella)* **Gianni Alfani** parla anche di una *giovane da Pisa.* Che sia anche questa un'amante del *massimo* Guido?

(3) Così si spiega la *donna angelicata* che si incontra in tutti i rimatori e poeti del primo secolo, massime in **Cino** e in **Dante.**

del poeta una completa realtà, che, sebbene vada a poco
a poco trasumanandosi, conserva pur sempre il suo spirito animatore.

Ora, ponendo il piede in questo mondo lirico toscano,
noi troviamo ad ogni piè sospinto la canzone e il sonetto
d'amore, quasi sempre soave ed elegantissima e sempre
piena di sentimento e di verità. Troviamo il poeta, che,
in una tersa ballata, o in un sonetto ispirato dal cuore e
dal più fine sentimento, parla della donna sua, e si studia di rappresentarla coi più smaglianti colori, vestendola
della più celeste bellezza. La donna vera sparisce, per
cedere il campo ad una fine miniatura, ad una figura idea-
lizzata, accarezzata come se ella fosse una persona viva:
tutto il mondo celestiale è calato nei suoi occhi; essa è
la scala ai beni celesti: la donna è un angelo.

Questo nella poesia del medio evo non è veramente
o interamente nuovo. Se noi pensiamo alla lirica provenzale ci ricorderemo di molti e molti poeti che fecero con-
sistere l'amore in questa celestiale contemplazione della
donna, che è quasi, come la donna del Guinicelli, la *lucente stella Diana Che ha preso forma di figura umana*,
o un angelo del cielo venuto *in terra a miracol mostrare*.
Un trovatore di Provenza diceva alla sua donna di non
potere, dicendo il *pater noster*, andar più oltre al *qui es
in coelis* senza che il suo pensiero non corresse a lei (1).

(1) **Ugo de la Bachelerie** in **Raynouard**, *Choix des poésies des
troubadours* III, 342. Anche il Visconte di **Sant'Antonino** cantava: « Se
di subito mi si presentasse la morte, non tanto domanderei a Dio di ac-
cogliermi in Paradiso quanto ch'ei mi concedesse la grazia e l'agio di
passare intera una notte nelle braccia della mia donna » Cfr. **Raynouard**
op. cit. II, XXXVIII. Altro che verismo corruttore! Par di leggere il *Vil-
lem Meister* del **Goete** quando Mignon desidera di dormire una notte con
lui. Anche una ballata, pubblicata dal **Casini** *Le rime dei poeti bolognesi*
è simile a questa *volata* dal Visconte di Sant'Antonino.

Questa era già una prima *divinizzazione* della donna, corra la frase, che come cosa del cielo ogni volta veniva alla mente che del cielo, in qualsivoglia modo, parlava. Il Guinicelli trovava modo di collocare la sua donna *in la intelligenza dello cielo*, e pensava che rispondere quando fosse avanti a Dio, il quale lo rimprovererà di aver posto il suo amore in un *sembiante*.

Dunque questa idea di divinizzare la donna, collocando in lei tutto l'essere divino, ci appare anzitutto dai provenzali, da cui poscia il Petrarca molte cose derivò, e da Guido Guinicelli. Questi, nella sua lirica dialettico-amorosa, fece la donna centro di tutte le aspirazioni filosofiche, amando in lei la divina sapienza; quelli, in una lirica spontanea, popolare, efficacissima, cantarono la donna come *uno dei bellissimi angeli del cielo* e la collocarono accanto agli angeli del Paradiso. Il Guinicelli, insomma, calò nella donna tutte le bellezze celesti; i provenzali l'adornarono di profumi e di smaglianti colori, e l'innalzarono al cielo.

Ora i toscani del dolce *stil nuovo*, che, come ho già accennato più indietro, procedevano da queste due tendenze liriche, tolsero dai provenzali quell'arte di concepire la donna, innalzandola ad angelo, ma sviluppando d'assai il concetto lirico, e dal bolognese l'aspirazione ad una bellezza sovranaturale, spogliandola però dalla sottile filosofia. La forma s'andava man mano rivestendo e ripulendo, e negli ultimi trent'anni, del secolo XIII, e forse nel **1280** le ballate di Lapo Gianni annunziarono il *dolce stil nuovo*, di cui le prime basi avea gittate Guittone, e il Guinicelli fu precursore. Da questa lirica, in cui il sentimento aveva la sua massima parte e l'arte consisteva tutte nell'espressione fedele e schietta dei sensi, nacque la donna angelicata.

In questa divinizzazione della donna però, siamo ben

lungi dalla rappresentazione dell'umano: è ancora un lamento, una flebile elegia che dall'anima del poeta si eleva fino a quella concezione, a quell'essere che la sua mente vagheggia. Però stabilite le prime forme di quella rappresentazione ideale della donna, le altre si susseguono e armonizzano e concordano in un sol tono: la donna angelicata ha in se tutte le attrattive e tutti i pregi della divinità, e pare una cosa venuta *di cielo a miracol mostrare* e anela di tornare d'onde essa è partita (1). E qui potrebbe alcuno pensare che le antiche forme stereotipe che noi abbiamo rimproverate ai siciliani, ci si ripresentassero, sotto un nuovo aspetto, nella lirica toscana, ma voglio che si consideri come avendo anche forme stabilite si possa allargare il concetto dell'arte, che prima era astretto alle personificazioni del *sere* e dell'*amanza*. Troveremo che la donna di Cino, del Gianni, del Cavalcanti, del Frescobaldi, dell'Alfani, è modellata sopra una medesima forma: abbiamo cioè la donna che toglie il cuore con uno sguardo (2); che salutando *fa tremar lo core* (3), che dove appare mostra il sole (4) e *null'uom può mal*

(1) **Dante**, *Io mi son pargoletta, Io son del cielo e tornerovvi ancora, Per dar della mia luce altrui diletto; E chi mi vede e non se ne innamora D'amor non averà mai intelletto.*

(2) **G. Alfani**, *Con gli occhi mi tolse Il cor quando si volse Per salutarmi e non mel rendè mai*, e ancora: *La prima volta che io la guardai Volsemi gli occhi sui Sì pien d'amor, che mi preser nel core L'anima sbigottita, sì che mai Non ragionò d'altrui Come legger si può nel mio colore.*

(3) **Guinicelli**, *Lo vostro bel saluto... Che fate, quando v'incontro, m'uccide.*

(4) **Guinicelli**, Canz. *Tegno di folle impresa dover dire*, St. III. Anche **Buonaggiunta**, *Madonna che disface Le dònne belle quand'ella vi appare,* **Dante**, *Che come par che fugga e vada via Dinanzi al Sol ciascun altra chiarezza Così costei l'altre bellezze sface.* **Petrarca**, *Come sparisce e fugge Ogni altro lume dove il vostro splende.* **Cino**, dopo

pensar fin che la vede (1), ma in mezzo a queste forme convenzionali si trova pure l'alto segreto di questa scuola: il sentimento fine ed elegante.

Il poema degli amori poetici degli autori toscani che, dicemmo, ci proviamo di ricostruire, è una smagliante pagina della storia fiorentina degli ultimi vent'anni del dugento, che ha per base l'amore idealizzato, studiato e discusso colla filosofia di S. Tommaso d'Aquino (2), e non può studiarsi, rispetto ai singoli autori, ma bensì in complesso con tutti gli autori toscani. Abbiamo ad ogni piè sospinto il sonetto e la canzone e la ballata alla donna che ha perduta la forma umana, assumendone una divina; abbiamo la donna angelo che è scala alle cose celesti. Per meglio farci strada alle ricerche di questi *angeli* che innamorarono i poeti del dolce *stil novo*, leggiamo una ballata di Lapo Gianni che sembra la preannunziatrice di questa lirica che ha tanta parte nel concepimento artistico dei rimatori toscani:

> Angioletta in sembianza
> nuovamente è apparita,
> che m'uccida la vita,
> se amor non le dimostra sua possanza....
> Non furon gli occhi miei
> nella sua vista una fiata ancora

aver detto: *Ridendo par ch'allegri tutt'l loco Per via passando angelico diporto.* (Son. *Sta nel piacer*) disse: (Son. *Se mi reputo*) *Che là si vede il sole ov'ella appare.* E più tardi il **Poliziano:** *Così spegne costei tutte le belle Come il lume del sol tutte le stelle.*

(1) **Guinicelli.** Son. *Io vo' del ver.* **Cino da Pistoia,** (Canz. *Non spero che giammai) Io la vidi sì bella e sì gentile Ed in vista sì umile che per forza Del suo piacere, A lei veder menaron gli occhi il core Partisse allora ciascun pensier vile.*

(2) **S. Tomaso d'Aquino,** *Prima sec. partis sum.* XXVI-XXVIII.

ch' egli avesser vigore.
Io gli conforterei
con la virtù che dentro gli innamora
se non ch'ei fugge amore,
che non par che il valore
possa mettere in lei
anzi dice: costei
è quella che la sua franchigia avvanza.
Non può vincere amore
dipinger nella mente gentilia
d' esta novella cosa;
chè selvaggia a tutt' ore
contro di lui sdegnosa
e negli atti amorosa
a chi la mira pare;
onde ne fa pensare
amore a chi ne prende disianza.

Questa ballata di Lapo Gianni sembra segnare l'indirizzo artistico del dolce stil nuovo. Abbiamo l'*angioletta nuovamente apparita Che uccide la vita*, e sembra preannunziare l'altra di Cino da Pistoia: *Angel di Dio somiglia in ciascun atto Questa giovane bella Che mi ha cogli occhi suoi il cor disfatto* (1), e la *giovinetta ch'amor guida* di Dino Frescobaldi, d' onde poscia, allargandosi il concetto, si giunse alla *pastorella* del Cavalcanti e alla *pargoletta* di Dante.

Mi pare quindi di essere nel giusto asserendo come tutta la lirica d'amore della scuola toscana, non rappresenta altro che tanti anelli d'una stessa catena fra loro

---

(1) Vedi anche di **Cino** nel Son.: *Li vostri occhi gentili e pien d'amore*, i versi: *Questa non è terrena creatura: Dio la mandò dal ciel tanto è novella*, Anche il **Petrarca** disse: *Nuova angioletta sopra l' ali accorta Scese dal cielo in sulla fresca riva.*

indissolubilmente congiunti, sia che il poeta canti, come
Lapo o Cino, la *Angioletta,* o la *pastorella* col Cavalcanti,
o la *giovinetta* col Frescobaldi, o la *pargoletto* e, forse,
la *Beatrice* con Dante, e fra tutta questa lirica tanto è la
relazione, che non possiamo studiarli ad uno, come il
Bartoli ha fatto, ma per grandi punti di contatto che fra
di loro li congiungono dobbiamo esaminarli gli uni rispet-
tivamente agli altri. Così la ballata di Lapo che noi abbiamo trascritta mostra qual sia la relazione che passa
fra la lirica toscana, informata cioè tutta a pochi *caratteri*
principali dalla quale questi sono il fondamento (1).

Per sempre più convincerne di questa relazione che
passa fra tutti i rimatori del dolce stil nuovo leggiamo
ancora un'altra ballata di Lapo:

> Dolce è il pensier che mi nutrica il core
> d'una giovine donna, ch'e' desia
> per cui si fe' gentil l'anima mia
> poi che sposata la congiunse amore.
> Io non posso leggieramente trare
> il nuovo esempio ched ella somiglia.
> Quest'angela che par dal ciel venuta
> d'amor sorella mi sembra al parlare,
> ed ogni suo atterello è meraviglia.
> Beata l'alma che questa saluta!
> In colei si può dir che sia piovuta
> allegrezza, speranza e gioi compita

---

(1) Il saluto è un carattere importante nelle rime del primo secolo.
Oltre la ballata dell'**Alfani** *Guato una donna* ecc. abbiamo: **Lapo Gianni**, (Ball. *Dolce è il pensier) Beata l'alma che questa saluta:* **Cavalcanti** (Caz. *Io non pensava)* **Cino** Son.: *Se questa gentil donna vi saluta.* Anche **Dante** disse: *Quel ch'ella par quando un poco sorride Non
si può dicer nè tener a mente Si è nuovo miracolo gentile.* Il **Guinicelli** invece *(il dardo): Per gli occhi passo come fa lo trono* ecc.

ed ogni rama di virtù florita
la qual procede dal suo gran valore....
Il dolce ragionar mi dà conforto
ch' io fei con lei dell' amorosa vita
• essendo già in sua nova signoria
ella mi fe' tanto di cortesia
che non sdegnò mio soave parlare
ond' io voglio amor dolce ringraziare
che mi fe' degno di cotant' onore, *etc.*

C' è in questi versi tutto il programma artistico della nuova scuola toscana. Vedremo Dante che anch' egli pone la sua beatitudine nella salute della sua donna: vedremo l'Angela di Lapo congiungersi colla *pargoletta* dell'Allighieri e preannunziare l'*Angel di Dio somiglia* di Cino da Pistoia, e se Lapo disse: *In colei si può dir che sia piovuta Allegrezza, speranza e gio' compita*, la *pargoletta* dirà: *Ciascuna stella agli occhi mi piove Della sua grazia e della sua virtude*, e le *pastorelle* del Cavalcanti canteranno: *e' piove Fuoco d' amore in noi* (1). Più stretta relazione noi troviamo fra la ballata di Lapo e questo sonetto del Frescobaldi, dove la *giovinetta* e l'angela sembrano congiungersi in una sola persona:

Questa è la giovinetta ch' amor guida
ch' entra pegli occhi a ciascun che la vede
questa è la donna piena di mercede
in cui ogni virtù bella si fida

E basta per convincersi che c'è una tal quale affinità fra tutte queste rime del *dolce stil novo*, che al ricordarne una vengono in mente le altre. Ciò proviene dalla simi-

_____

(1) **Cavalcanti**, Ball. *Cavalcando l' altro ier* ecc.

glianza della materia che fu dai toscani, e questa uniformità si manifesta ad ogni piè sospinto.

La perfezione della forma se fu preannunziata da
Lapo Gianni, raggiunse però il suo compimento con Cino,
col Cavalcanti e con Dante. C'è in Lapo il progresso artistico, ma più che una vera innovazione consiste nell'abbandono delle vecchie forme, consiste nel ripulimento dello
stile, allargando il contenuto (1). E così la ballata *Dolce
è il pensier che mi nutrica il core*, contiene e mostra un
costante progresso della forma, progresso che Cino am-
plierà, derivando da quella di Lapo la ballata *Angel di
Dio somiglia in ciascun atto Questa giovane bella*, per-
fettissima nella forma, e stillante quel fine sentimento che
discende dal cuore.

Studiando Lapo Gianni noi ci siamo proposti fin dal
bel principio di esaminare in lui il rimatore che presenta
tutti i graduati svolgimenti d'una lirica che preparò l'Allighieri. Fin qui l'abbiamo visto colto, ornatissimo, ma
sempre inferiore ai toscani che l'opera sua o ampliarono
o compirono. Lapo adunque, risentendo tutti i *diffetti ed*
i pregi di questa nuova scuola, mostra i graduati *distacchi*
della lirica che sempre s'aggira verso il punto di perfe-

---

(1) Spiegherò meglio il mio concetto. Abbiamo visto più indietro come
la ballata del **Gianni** *lo sono amor*, tenga dei provenzali, e continui le
vuote personificazioni *della lirica siciliana*. In **Dante**, e specialmente nella
Vit. Nov. XII, abbiamo una ballata d'argomento quasi simile, ma chi
contrapporrebbe i versi: *Madonna, e' non mi manda e questo è certo* etc.
con questi dell'Allighieri, sebbene, in fondo, siano informati a un medesimo concetto: *Dille: Madonna lo suo core è stato Con si fermata fede
Che a voi servir ha pronto ogni pensiero: Tosto fu vostro, e mai non
s'è smagato. Se ella non ti crede, Di che domanda amor se egli è vero;
Ed alla fine falle umil preghiero, Lo perdonare se le fosse noia Chi co-
mandi permesso che muoia. E vedrassi ubbidir, bon servitore*. E subito dopo abbiamo lo *sdonnei*, che spiacque tanto al **Carducci**.

zione, e a lui si congiungono e da lui derivano tutti i
poeti del dolce stil nuovo, l'Alfani, Cino, il Cavalcanti e
Dante. Dispiace forse al lettore vedere il soavissimo Cino
e il *prestantissimo* Cavalcanti, e il gran padre Allighieri
derivare la loro arte da un rimatore, ad essi inferiore?
No, perchè se collocheremo ognuno al loro vero posto e
li considereremo come tanti anelli d'una stessa catena, o
meglio come una schiera d'artisti che tentavano tutti di
innalzarsi sui molti, e derivavano l'uno dall'altro ciò che
era il portato dei loro studi e delle loro aspirazioni, potremo allora farci un giusto concetto di questo gran portato di arte che si chiama la scuola toscana, potremo farci
davvero un giusto concetto dello svolgimento lirico del
secolo XIII. Nè Lapo Gianni, il rimatore che io ho preso
in esame, ha soltanto grande attinenza coi toscani più il-
lustri, chè altresì egli stesso raggiunse, quasi, la perfezione,
massime con quella soavissima ballata: *Questa rosa novella,* dove spira tutto il profumo della lirica nuova, dove
si congiungano alla purezza del Cavalcanti il sentimento
di Cino. Più dell'Orlandi, il maldicente zanni che affogò
il suo ingegno nelle sottigliezze dialettiche, più dell'Alfani, il rimatore corretto e terso, più del Frescobaldi,
sempre soavemente elegiaco, Lapo Gianni ha diritto d'essere ascritto alla bella schiera dei toscani che prepararono il dolce stil nuovo, onde a ragione, l'Allighieri lo
pose insieme a Cino, al Cavalcanti e all' **altro** che cacciò
di *nido l'uno e l'altro Guido.*

Se Guittone, come ebbe anche a far notare nelle sue
splendide lezioni il Carducci, è veramente il primo poeta
del dolce stil nuovo dal quale gli altri tutti derivarono, e
Guido Guinicelli è il padre della nostra letteratura, non dubito affermare che Lapo Gianni è il più importante poeta
toscano da cui tutti gli altri derivarono; rappresenta cioè,
diciamolo con una frase vecchia ma espressiva, l'anello di

congiunzione fra la scuola bolognese e la scuola toscana. Quindi importantissime le sue rime che preannunziano il Cavalcanti, Cino, l'Allighieri. Ho detto che l'opera dei toscani non può considerarsi altro · che presa complessivamente, ma non è sempre così Lapo Gianni, il quale quando fu provenzaleggiante e dialettico seguì due tendenze liriche già vecchie, quando fu del nuovo stile fu precursore di Dante. Egli fu terzo in quell'eletta compagnia che cantava soavemente d'amore e sapeva nel facile e spontaneo intreccio d'una lirica nuova, innestare tutto il sentimento più fine di cui l'anima era capace: perciò Dante disse di lui che conosceva l'*eccellenza del volgare*, perciò, studiando le rime di questo insigne poeta, noi troviamo quali fossero i rapporti suoi colla scuola toscana, quale contributo abbia portato all'arte del secolo XIII.

VIII.

Adolfo Bartoli, nei suoi studi su la *nuova lirica toscana*, parlando della melica amorosa e studiandone e forma e contenuto si domanda, se la donna cantata dai poeti fiorentini sia veramente esistita o piuttosto non sia una concezione della mente e conclude: « la *Beatrice* di Dante è la *Beatrice* di Lapo, di Guido, di Cino, ed in questa uguaglianza, in questa uniformità di concepimento artistico sta la prova maggiore della sua non oggettività (1) ». Mi par necessario che studiando Lapo, anche in rapporto alla scuola cui egli appartenne, dobbiamo investigare se questi amori di cui sono piene le rime dei primi secoli, siano o no realmente esistiti.

(1) Vol. IV. Vedi più specialmente a pag. 191.

La questione, diciamolo subito dal principio, è di somma importanza, perocchè noi dobbiamo possibilmente stabilire due cose e se le donne cantate dai poeti siano esseri reali; e se le rime siano composte per esse. Per far questo dobbiamo andare a spizzico pe' poeti dei primi secoli, ed esaminare se qualche indizio, qualche testimonianza se ne possa ricavare.

Per primo esaminiamo l'Allighieri. Abbiamo memorie di diverse donne amate, o' credute amate da lui, e così Beatrice, Gentucca, la donna Gentile, Scalza della Pietra, l'Angioletta (1); del Cavalcanti, cui l'Orlandi disse molto usare egli alla corte d'amore, non ne abbiamo certamente in minor numero: Giovanna, figlia di Filippo, detta Primavera, Pinella, la Mandetta, *la giovane da Pisa*, senza tener conto delle *pastorelle* e delle *pastorelle* che cantano: *e' piove Fiamma d'amore in noi* (2); e così Cino da Pistoia fu amante di Selvaggia de' Vergiolesi, figliuola *di* quel Filippo che fu a Pistoia capo dei Bianchi, sotto il qual nome certamente altri amori furono cantati, essendo noto come Cino fosse assai più amante dei doni che dei sospiri d'amore, trovando noi nel Chiappelli (54-55) riportate queste parole del Farinaccio: *delicta carnis omnes tangunt, et mihi crede, etiam jurisperitos et eos quidem excellentes, prout Cinum.* Queste donne, o meglio questi nomi, sono essi o no realmente esistiti? abbiamo noi una prova, un indizio che valga a rassicurarci?

_____

(1) Vedi nel *Propugnatore* Vol. VI e VII lo studio del Prof. **Bergman**, tradotto dal **Pitrè**, *Le pretese amate di Dante*.

(2) Le rime del **Cavalcanti** che hanno allusione ai suoi amori sono le seguenti: *Fresca rosa novella;* — *Era in pensier d'amor ecc.;* — *Gli occhi di quella gentil forosetta;* — *In un boschetto, ecc.;* — *Una giovane donna di Tolosa;* — la *Pinella* si rileva dal sonetto di **Ser. Bernardo** e d'una *giovane da Pisa* parla l'**Alfani**, *Guido quel Gianni ecc*

Io non posso entrare in questione sulla storica esistenza di questi amori sembrandomi queste cose di secondaria importanza. Infatti, con tante discussioni sulla realtà di Beatrice, questione dibattuta fra i più insigni critici sì italiani che stranieri che cosa abbiamo potuto concludere? Che la donna terrena scompare per dar luogo alla figura angelicata; che se anche la donna amata è una completa realtà, la donna cantata è una totale idealità; che nell'espressione dell'amore nella lirica prevale sempre il fine idealismo contemplativo, senza che in quell'amore il sentimento v'abbia parte. Diciamolo bene apertamente: io non nego che si debba prestar fede alla realtà di questi amori, ma credo che nei poeti del primo secolo l'estrinsecazione dell'amore sia assai diverso dalla vera natura dell'amore medesimo. Così, nel concepimento artistico, la Nerina e la Silvia del Leopardi e la donna del Byron e del Goete e l'*Amica lontana* del Giusti e la Teresa del Foscolo sono travestimenti, lasciatemelo dire, di una realtà, alla cui bellezza terrena si volle congiungere il sorriso, lo sguardo, la parvenza d'un angelo.

Di questo poema sfavillante di giovanili entusiasmi, di fine sentimento, di candide gioie, la più grande e compita testimonianza è certamente la *Vita nuova*, dove, disse bene il Panzacchi, le ingenue confessioni d'un'adolescente danno materia al poeta di svelare tutto l'animo suo. Abbiamo visto più indietro la donna angelicata, contemplata astrattivamente cioè, da quel che ella veramente sia, procuriamo ora di studiare l'amore dei poeti, ricercando le loro rime, studiando la parola dei filosofi.

Io diceva in quel mio *Discorso sui rimatori bolognesi* che precede il *Saggio di comento* alle rime guinicelliane, che l'amore per quel poeta non è altro che un insieme di massime, analizzate e discusse, derivanti dalla filosofia di Platone. Il grande filosofo greco amava le sue idee: era un amore di contemplazione, la quale creava poscia un anello di congiunzione fra il contemplante e il contemplato. E ciò appunto noi vediamo nella poesia del Guinicelli: la sentenza scrutata ed analizzata colle dottrine platoniche.

Nel secolo XIII, in mezzo a quel gran portato che si chiama la scuola toscana, noi abbiamo un'altra grande figura che domina ed influisce sull'arte, che sembra abbracciare e congiungere tutta la sintesi del pensiero umano: San Tommaso d'Aquino. Egli giunge a gettare saldissime radici in quel mondo avido di scienza e desideroso di novità, e quando appunto quasi per eternare e suggellare la fede d'una religione che allignata nel petto di tutti, sorgono, quasi contemporaneamente, i più bei templi che la coscienza religiosa abbia mai innalzati (1), l'umile *fraticello d'Assisi* gettava i primi germi di quella filosofia che doveva, per un lungo corso di anni, dominare tutta l'arte. Quindi se il platonismo aveva mostrato nella faccia della donna la faccia della sapienza, la dottrina tomistica la raffigurava come uno dei bellissimi angeli del cielo; se il platonismo tesseva intorno alla figura angelicata la effigie della sapienza, la dottrina tomistica, congiungendo misticismo e teologia, dava alla donna tutte le virtù divine, la concepiva, cioè, come una idealizzazione della bellezza terrestre, onde a ragione il De Sanctis scriveva che l'arte italiana si rinnovò fra la filosofia di San Tommaso e di Aristotile; di San Bonaventura e di Platone.

È indubitato che l'arte italiana, o, per essere più esatti, la lirica artistica, non si riformasse appunto, educata ed informata alla filosofia. Le due tendenze principali della lirica del primo secolo si tengono sempre net-

(1) **Carducci**, *Delle rime di Dante Allighieri*, 183-187.

tamente distinte o il provenzalismo dei siciliani o la poesia d'amore: o i luoghi comuni, o la lirica erotico-filosofico. Questo era appunto il portato di quegli influssi filosofici, esercitati dalla scuola bolognese e dalla *somma*, che armonizzava col misticismo di Jacopone e colla cavalleria dei siciliani. Parve la filosofia di Tommaso d'Aquino, e parvero così le quattordici questioni da lui poste sulla natura, su le cause e sugli effetti d'amore: i poeti che prima s'erano esercitati in quel tema allargarono i loro concetti; procurarono di compire ciò che altri avea dimenticato. Così s'andò a poco a poco formando una scuola di poeti che posero le loro cure nelle definizioni e nella casistica che raggiunse il massimo grado coll'Orlandi, e morì soffocata dalla canzone del Cavalcanti.

Però quella lirica filosofica, che ebbe tanto proseliti in Toscana, continuatori del Guinicelli, se era prima informata a quelle pure speculazioni filosofiche che piacquero tanto ai *casisti* d'amore, seppe altresì partecipare al concepimento della lirica nuova. Così il saluto, lo *sguardo*, le personificazioni e gli effetti d'amore derivavano *direttamente* dalle definizioni, le quali giovarono in *ciò*, che diedero materia alla scuola toscana.

Nella lirica artistica, diciamolo francamente, in mezzo alle definizioni e alla casistica, l'amore non c'è. Qua e là, nella lirica popolare però, troviamo un qualche accenno alla vera espressione del sentimento; troviamo una lirica appassionata e spontanea, da cui poscia derivarono le ballate del Gianni e del Cavalcanti, ma nella *casistica* non v'è un solo accenno all'amore, nè certo potrebbe esserci. I poeti ragionano più da filosofi che non da uomini: è la mente che pensa, non il cuore, perciò l'opera loro sta tutta nel definire giustamente ciò che la loro mente pensa. Nel Guinicelli abbiamo una prima e fuggevole idea della donna che tiene d'*angel sembianza*, e

quindi tutti i poeti della nuova scuola, seguendo il bolognese, trasformarono la donna in angelo, l' innalzarono al
cielo e l' adorarono.

Di questa nuova scuola, disse bene il De Sanctis,
il codice d' amore è il *Convito* di Dante, nel quale, sotto
pretesto di analizzare alcune sue canzoni, egli studia la
filosofia dell' amore, colle dottrine d' Aristotile. Pare un' appendice, o meglio un riassunto di tutte le questioni su-
scitate dalla casistica amorosa. Accostiamoci un poco più
al *Convito* e cerchiamo di spiegarci l' amore dei poeti toscani del secolo XIII.

Lorenzo de' Medici, nel Comento al *Convito* avea
scritte queste parole: « Chi cerca la vera definizione del-
l' amore, trova non esser altro che desiderio di bellezza,
e se è così tutte le cose difformi e viziose rincrescono a
chi degnamente ama. La bellezza del volto e dell' anima
della donna amata è principio e guida a cercare le bel-
lezze delle altre cose e a salire alla virtù che è bellezza
tra mortale e celeste e giungere finalmente a riposarsi
nella bellezza suprema che è Dio. Le condizioni che ne-
cessariamente si convengono a un vero, alto, degno amore,
parmi siano due: prima che si ami una persona sola: la
seconda che si ami sempre. Queste condizioni non molti
amanti hanno sì generoso animo da poterle serbare e assai poche donne sentirono tanta virtù da stringere gli uomini a non violare queste due circostanze, senza le quali
amor degno non v' è ».

Queste, nè più nè meno, sono le massime dell' amor
platonico che Socrate potè professare nel *Convito*: la contemplazione d' una bellezza adorata come persona viva e
fatta centro di tutte quelle celeste bellezze che la congiungono a Dio, quindi un essere *che è del cielo e torne-*
ravvi ancora, la cui dimora sulla terra non è altro che

temporanea e anela di tornare *Nel reame ove gli angioli hanno sede* (1).

Il sensualismo della scuola occitanica, di cui abbiamo molti esempi nei provenzali, passando nelle province meridionali d'Italia e alla corte di Federico II, che era in sospetto di materialismo d'Averrois, trovò un terreno tutto diverso da quello che abbandonava. Dominava un sentimento religioso, e l'ideale di Dio e della donna amata si congiungevano, come in quel sonetto di Jacopo da Lentino, che incomincia: *Io m'aggio posto in mente a Dio servire*, tanto da estendere il bene divino ad uno dei godimenti maomettani: la scolastica e la mistica si danno la mano. Il concetto cavalleresco s'allargava, e la scolastica e la mistica si fondavano colla gaia scienza.

Le definizioni d'amore che il Monaci recentemente dimostrò aver preannunziata la lirica italiana, informate ai principi della teologia e della scolastica, della cavalleria e della *gai saber*, trovarono materia nelle definizioni poste da San Tommaso d'Aquino, allargate poscia fino alle *stupide sottigliezze* dell'Orlandi (2). Tutto partiva da *questo* principio, e cioè lo studio profondo degli effetti *che produce* nell'uomo la cosa ammirata; quindi analisi minuta e particolare da tutto ciò che colpisce i nostri sensi. Sorse Guido Guinicelli, il vero primo poeta italiano, che raccolse le tendenze liriche derivanti da quella cultura bolo-

_____

(1) Un bel confronto fra l'amore del trecento e del cinquecento si potrebbe certamente istituire. Non è ch'io creda che le figurine stereotipate sulla Laura petrarchesca abbiano perfetta somiglianza con gli angeli del dolce *stil nuovo*, ma qualche punto di contatto pur l'hanno. Chi fosse vago di queste ricerche veda il **Guerzoni**, *Michelangelo amante*, e il **Ronconi**, *L'amore in Guido Cavalcanti ecc.*

(2) Bello è il giudizio che sulla lirica dell'Orlandi dà l'insigne **A. Gaspary**, nel suo libro *La scuola poetica siciliana*, Cap. IV.

gnese che Federico II sul 1256 spostò, per dar fama allo studio di Napoli (1), il poeta che nelle forme, talvolta rozze ed incerte, innesta però il sentimento di Dante, di cui fu precursore, ed accanto al poeta bolognese ecco sorgere il gruppo dei toscani, con a capo il Cavalcanti, in cui le due tendenze liriche, artistica l'una, provenzaleggiante l'altra, si congiungono in mirabile accordo di sentimenti e di forme. Invano Buonaggiunta rimprovera al Guinicelli di *trarre canzone a forza di scrittura* (2), perchè il bolognese gli rispondeva: *Omo che è saggio non corre leggero*, e così gli intendimenti artistici di quei lirici usciti dalla scuola bolognese si compiranno mirabilmente, per opera di Guido Guinicelli.

La definizione d'amore nel bolognese andò man mano allargandosi, e rasenta quasi la perfezione, è in ogni sua parte quasi del tutto compiuta: *E' par che da verace piacimento Lo fino amor discenda, Guardando quel che al cor torni piacente* (3). Cino soltanto compirà, a mio avviso, la definizione (4) e l'Orlandi l'esaurirà colle sue freddure (5), ma la prima idea della donna angelo, della donna cioè consolatrice, il primo accenno, è partito dal Guinicelli. In lui, oltre all'artista e lo scienziato, che il De Sanctis nel bolognese riconosce, c'è anche il primo tentativo di esser vero, cioè di esprimere gli affetti dell'anima con sentimento e verità.

---

(1) Cultura però, come ebbe a dimostrare il **Monaci**, che fioriva anche nel 1230, quando a Bologna studiavano **Pier delle Vigne** e il **Mostacci**.

(2) Son. *Voi ch'avete mutata la maniera.*

(3) Canz. *Con gran disio pensando lungamente*, di cui vedi il mio commento, altra volta citato.

(4) Son. *Amore è uno spirito che uccide ecc.*

(5) Son. *Onde si move e d'onde nasce amore?*; — e *Per troppa sottigliezza il fil si rompe.*

Nessuno però potrebbe accertare che i versi guinicelliani: *Donna, Dio mi dirà, che presumisti* (1), siano
ispirati da una donna, ma è però certo che in quei versi
spira un'aura di sentimento, e di vita. Questo era il segreto della scuola toscana, e il Guinicelli, prima ancora
di essi, lo comprese e lo tentò. Anche fra i velami della
scienza la donna angelicata ci appare, per opera del Guinicelli, e i toscani continuando ed ampliando l'opera artistica del bolognese potranno compiere che la scienza e
la scolastica ha loro in qualche modo ammannito.

Quindi gli *angeli* che discendono dal cielo a conforto
del uomo; quindi lo *spirito* e lo *spiritello* d'amore ch'e-
sce per gli occhi e va fino al cuore; quindi il canto appassionato, caldo di affetto e di sentimento alla creatura
angelicata: ecco il programma della scuola toscana, armo-
nizzante coi versi di Dante: *Quando Amore spira noto,
ed in quel modo Ch'ei detto dentro vo' significando.*

La personificazione della donna, sotto le vesti d'*angelo*, di *pargoletta*, di *giovinetta*, di *forosella*, si domanda
ripetute volte il Bartoli, racchiude essa l'idea d'una *donna*
vera, umana, realmente esistita?

Io non nego che in ogni opera artistica, a meno che
non si tratti della *Fiammetta* boccacesca, in cui l'amore
è vero, umano, e il sensualismo domina in quelle pagine
calde di vita e di passione, (e chi credesse all'opinione
del Koerting legga la stringente risposta dell'Antona-
Traversi) qualche cosa di idillicamente celeste vi sia: la
donna in ogni opera d'arte, in base al principio cavalleresco, dai provenzali in qua, è concepita con larghi criteri di procedimenti estetici, è appunto perchè agli occhi
di chi la contempla essa ci pare smagliante di colori e di
forme che noi dobbiamo convincerci della sua realtà. Ca-

(1) Canz. *Al cor gentil.*

pisco che non sempre la storia ne avrà tramandato il nome e non potremo così con dati precisi accertare chi ella si fosse, ma sono convinto che se anche di lei non avessimo dati storici veruno, potremo nondimeno, con altri procedimenti, concludere se ella sia o no una completa realtà. Capisco che la Beatrice storica non si potrà con documenti validi, sostenere (1), ma è certo che dal poema di Dante avremo più che non vorrebbersi indizii sulla realtà della donna che muore nella *Vita Nuova*, e si presenta a Dante *Sovra candido vel cinta d'uliva*, nel XXX del Purgatorio. E poichè me se ne porge il destro, non dispiaccia al lettore che io trascriva un brano de' miei *Studi sulla Vita Nuova*, tuttora inediti, sembrandomi altresì che una volta provata come anche senza documenti storici, si possa ragionevolmente ammettere la realtà della donna che il poeta ha cantata, simile deduzione si possa fare per gli altri *angeli* del dolce stil nuovo:

« Per me l'esistenza storica di Beatrice non ista tutta nel racconto che il Boccaccio riferisce. Sia o no vera la poetica descrizione dell'incontro dei due giovinetti per me poco importa, ed anzi, a dirla a quattr'occhi, io non ci credo. Per me sia Beatrice dei Portinari figliuola di Folco o sia la *Beatrice* che apporta letizia, non vien meno la realtà della donna. Mi spieghino, i contraddittori, e specialmente il Bartoli (2), che voglia dire *la carne che sale*

_____

(1) L'unico documento di cui si fanno forti e sostenitori della Beatrice *storica*, come ognun sa, è il racconto che dell'incontro di Dante con la figlia di Folco ci ha lasciato il **Boccacci**.

(2) O io mal m'appongo, e veramente c'è nel **Bartoli** una contraddizione. Egli ammette che Beatrice non sia nè la *Teologia* nè l'*attività umana* nè la *Monarchia imperiale*, ma una donna, un essere però vago ed impalpabile; e in altro luogo pretende dimostrare che il poeta fa sforzi inauditi per *umanizzare* questa donna, e scrive il sonetto sul saluto. Se Beatrice è una *donna*, che bisogno c'è d'*umanizzarla*?

a spirito (Purg. XXX), mi spieghino il sonetto *Guido vorrei che tu e Lapo ed io;* mi spieghino il sirventese di cui parla nella *Vita Nuova* (IX), dove Beatrice non sofferse stare che sul nove. Chè se mi si opponesse che sul numero cabalistico, intorno cui parla Dante nel XXX della *Vita Nuova,* nessuno ha mai capito niente, e che tutto si deve intendere allegoricamente, mi si spieghi allora perchè Dante in quel sonetto avrà ricordata la *Vanna* e l'altra che è sul *numero del trenta.* Ma queste sono le obbiezioni secondarie che si possono muovere a chi nega Beatrice, chè ve ne sono di ben più gravi. Ed una principalissima, che io esprimo in ben poche parole: il sentimento, la verità di quella dolcissima lirica. Ma se noi neghiamo che l'ingegno umano davanti alla bellezza *del* reale, davanti alla donna che s'impone ai nostri pensieri, non sappia sciogliere il canto più appassionato, ardente di entusiasmo e d'amore, toglieremo all'uomo le sue facoltà, il suo senso, la sua natura. Ed allora perchè accusiamo i siciliani di freddezza, perchè diciamo che *essi* non compresero affetto e passione, quando ammettessimo che il sentimento dei toscani era diretto ad un ideale, alla *filosofia,* come voglion taluni, alla *teologia,* come sostengono altri? E che vorrebbero dire allora i versi in risposta all'Urbicciani, quando lo stesso Dante non avesse profondamente sentito quello che egli scriveva? Dice il Bartoli: l'Allighieri fa sforzi per umanizzare questa donna, e le dà il *saluto.* Non c'è soltanto il saluto: il dottissimo critico ha dimenticato, pare, il sonetto *Negli occhi porta* (XXI) ove dice: *ogni pensiero umile Nasce nel core a chi parlar la sente: — Quel ch'ella par quando un poco sorride Non si può dicer nè tenere a mente.* Ma un'ultima considerazione, e finisco: la *Vita Nuova* non fu scritta per Lapo Saltarelli e per Ciolo o per gli altri uomini di parte, ai quali s'imponeva Dante: fu scritto pei *fedeli* d' amore, ora egli è supponibile, anzi certo, che di quest' amore, avessero notizia i contemporanei: credete che i *fedeli d' amore* si contentassero di queste simboliche personificazioni? Fra i fedeli v'era anche il Cavalcanti, e l'Orlandi, con una impertinenzuola, dice che *molto usava alla corte d'amore* (1): questo mi prova che i *fedeli* non si contentavano d'amore ideale: fra essi v'era anche Cino da Pistoia, sulle tendenze erotiche del quale vedi quel che ne dice il Chiapelli.

È appunto perchè Beatrice è sorella maggiore di Mandetta di Selvaggia e di tutte le foroselle e le pastorelle e le giovinette e le angiolette della scuola toscana, che noi siamo costretti ad ammettere la sua oggettività, *oggettività* che dobbiamo altresì ammettere nelle altre donne ricordate dagli autori fiorentini. Non una oggettività strettamente storica, intendiamoci bene, ma astretta al concepimento artistico. A ragione il Bartoli dice che colle sottigliezze filosofiche e colle poesie degli *spiriti* non si rivela il sentimento dell'anima, e appunto perchè i rimatori toscani compresero questo fine sentimento, seppero esprimere ciò che il cuore prova, seppero essere veri, essi ci presentano la più bella prova della verità dei loro amori, delle loro passioni, dei loro affetti. Se noi non fossimo certi che vere furono le lagrime sparse dall'Allighieri, dal Tasso, dal Leopardi, come ci potremmo spiegare la commozione che in noi desta la morte di Beatrice, i lamenti per Eleonora, e la Silvia, e la Nerina ».

Questo io scriveva nei miei studi sulla *Vita Nuova,*

---

(1) Anche senza l'impertinenza dell'**Orlandi** possiamo rilevare che il *massimo Guido* avesse molti amori dal grande numero di donne ricordate nei pochi suoi versi. E si noti, a proposito di quel che ho detto, che la *Vita Nuova* fu da **Dante** a lui dedicata come a suo amicissimo, il *primo dei miei amici,* come scrive al Cap. III.

e questo ripeto ora, proponendomi di rispondere alla domanda del Bartoli, se, cioè le donne cantate dai poeti della *nuova scuola* siano essi realmente esistite. Per me non v' ha sentimento senza verità: non v' ha lagrima senza passione; non v' ha rapimento, estasi, contemplazione di spirito, senza che l' anima umana partecipi ai sentimenti dello spirito. *Amor che muovi tua virtù del cielo,* fu il programma della nuova scuola: *Amor e cor gentil sono una cosa,* fu l' affermazione; *Amor che a nullo amato amar perdona,* fu l' oggetto, e intorno a questi versi s' aggirarono tutti i novi rimatori toscani, sorto fra gli ultimi riflessi cavallereschi ed educati alla scolastica di S. Tommaso d' Aquino. Simile in tutti è il concepimento artistico della donna, cioè simile è nella concezione, negli effetti che il suo sguardo, il suo sorriso produce in chi la contempla, ma non è una forma *stereotipa* provenzaleggiante: c' è qualche cosa che altri rimatori, e massime i siciliani, non avevano: c' è lo spirito, la vita, il sentimento: la passione, il pianto, il dolore. Sarà un essere *vago, impalpabile astratto,* ma che però non *si concretizza in ogni volto gentile di bella fanciulla,* come ha detto il Bartoli, ma si idealizza davanti alla bellezza della donna contemplata; sfumerà *nelle forme più aeree,* ma il fondo sarà sempre una donna, nient' altro che una donna (1).

IX.

E lasciando per sempre, forse, gli amori dei poeti toscani colle più belle donne fiorentine, per tornare a

(1) Se fosse vero quel che il **Bartoli** dice ne verrebbe che per quei Bianchi del 1300 la donna non vi sarebbe: avremmo invece dei poeti che cadono in languore ad ogni bel viso. Ed allora perdoni il dottissimo critico, dov' è la *donna?* Avremmo invece dei poeti innamorati nel *bello,* soltanto perchè è bello. Altro che platonismo!

Lapo Gianni, la prima indagine che noi faremo su questo insigne rimatore sarà cercarne la donna e dir qualche cosa sulla *Lagia*, di cui ricorre alcune volte il nome nelle rime di Dante e del Cavalcanti. Non ricerche storiche, ma, per quanto sarà a noi possibile, critiche; anche il Fraticelli disse che di lei « tace l'istoria » e noi ricerche storiche non ne faremo.

Alla donna di Lapo Gianni certamente accennò l'Allighieri nel sonetto: *Guido vorrei ecc.*, assicurandoci che essa cadeva *sul numero del trenta*: altre testimonianze, credo, non abbiamo. Abbiamo bensì una *Lagia*, ricordata in un sonetto del Cavalcanti (*Amore e monna Lagia ecc.*) e d'una *Lagia*, fa menzione il Del Lungo nei *Documenti* alla *cronaca di Dino*, la quale fu figlia d'un fratello del Compagni. Una sola testimonianza che fosse amante del Gianni assolutamente non si trova.

Il Cicciaporci, non ultimo editore del Cavalcanti, riportando in nota il sonetto dantesco: *Guido vorrei ecc.*, diede una variante, tratta da un codice, non sappiam quale, ma possiamo, quasi, assicurare essere il codice Magl. VII. 991. In esso il verso nono suona così: *E monna Lagia e monna Vanna ecc.* Ma, oppone, e giustamente, il Bartoli, questa non poteva essere l'amante di Lapo, perchè essa cadeva sul *trenta*, e Beatrice sul *nove*. Dunque dobbiamo ritenere errata la lezione del Magl. 991, e seguire la volgata, la quale sostituisce *Bice*.

Ma il bello si è che il codice Magl. 1060, al sonetto dantesco *Io mi sentii svegliar dentro dal core*, ha, questa variante: *I vidi mo[na] Lagia e mo[na] Bice*, invece della lezione volgata *monna Vanna*. Adunque in due codici importantissimi abbiamo due varianti, per le quali la donna di Guido Cavalcanti da *Vanna* si cambia in *Lagia*.

Tommaso Casini, illustrando nel *Giornale Storico* (1) il cod. Magl. 1060, mette in chiaro, con una noticina, la variante della lezione e cerca una soluzione plausibile a questa diversità di testi. Egli crede, poichè sembragli fuor di luogo ammettere un errore di copista, che si tratti di uno scherzo: cioè, che essendo il Cavalcanti mutabile in amori, Dante avesse cambiato il nome di *Vanna* in *Lagia*, e d' una *Lagia* si fa menzione infatti in un sonetto del Cavalcanti. Questo poi, Dante avrebbe fatto, prima che il sonetto avvesse posto nella *Vita Nuova* per ricordare il fortuito incontro di Bice e di Vanna. Questa è una ipotesi e nulla più, ma che credo però che non troverà gran numero di proseliti. Infatti che due codici autorevolissimi abbiano due lezioni differenti dagli altri, non mi par cosa strana. Il Casini trova difficile ad ammettersi un errore di copista sull' attribuzione, sul nome e sulla lezione d' un sonetto, per me invece, par certo che una volta sbagliata l' attribuzione, l' errore della lezione viene da sè: poichè il copista ebbe dato a Guido il sonetto, che era invece di Dante, avrà o coretto *Bice* in *Lagia*, a suo *capriccio*, o avrà copiato l' errore come stava nel codice da cui queste liriche trascriveva. Anche nel Magl. 991 incontriamo la stessa variante, che possiamo chiamare errore, essendo in opposizione di tutti i principali testi a penna, ma questa non può esser buona lezione. Io accetterei piuttosto la ipotesi del Renier (2), che il Magl. 991 avesse questa lezione: *E monna Lagia e monna Bice poi*, così la donna di Lapo Gianni rimarebbe sempre sul numero del

(1) An. III, fasc. 5-6. *Intorno ad alcuni manoscritti di rime del secolo XIII* di **Tommaso Casini**.

(2) *Giornale Storico ecc.*, An. III, fasc. 5-6, pag. 232.

trenta, e si ricorderebbe una nuova amante del Cavalcanti, non escludendo Beatrice (1).

Ma io ho accennato soltanto alla questione per concludere che sebbene d'una *monna Lagia* abbiamo memoria, questa non fu certamente la donna di Lapo Gianni;
forse fu una delle tante amate dal Cavalcanti: ma ricon-
fermo quindi che in queste mie meschine ricerche non
ho trovato un solo indizio che dia a sospettare soltanto
d'una Lagia (provenz. *Alagias*, ital. Alagia) amante del
notaio fiorentino (2).

E poichè sono entrato nelle ricerche critiche, mi propongo di rispondere a tre altre questioni di non minore
importanza e se, primieramente, il nome del fiorentino
fu Lapo Gianni o Giovanni Lapo, come vuole il Nannucci;
o se il nome suo fu *Lippo* come ha il codice Magl. 1060;
o, infine, se fu Lappo, come, secondo il Witte, molti codici portano. Nella soluzione mi propongo d'esser breve.

---

(1) E infatti di tre donne fa certamente menzione l'Allighieri. Bice
non può esser quella che è sul *trenta*, perch'Ella stava sul *nove*: c'era
la donna altresì del Cavalcanti e di Lapo: se si accetta la lezione *E monna
Vanna e monna Bice ecc.*, le cose vanno bene, come se a *Vanna* si sostituisce *Lagia*; innaccettabile è la lezione *E monna Lagia e monna
Vanna*, perchè Beatrice cadrebbe sul *trenta*. Vedi anche **Bartoli**, *Storia
della Lett. Ital.*, IV, *Guido Cavalcanti*.

(2) Ho sott'occhio per lo spoglio delle rime di Lapo, il cod. bolognese Univ. 1289 e a pag. 39, *r*, trovo il sonetto di Dante al Cavalcanti. Anche questo codice ha la lezione del Magl. VII, 991. *Et monna
Laggia et monna Vanna poi Con quella ch'in sul numer del entrata
Con noi ponesse il buono incantatore*. Dirò qui ancora che in un codicetto di rime del secolo XIII, che possiede l'amico mio Dott. **Giovanni
Berdera** e che mi ha favorito, il sonetto citato ha questa lezione: *E
monna Bice e ....vaggia dippoi Con quella ecc.* Il verso è in parte
inintelliggibile: crederei però, a giudicar dallo spazio, che dovesse dire
Selvaggia. Di questo codicetto che ha questa scritta: *Codex dom. Gui-
dobaldi Urbinatis*, parlerò un giorno, spero, non lontano.

Io credo che il solo Nannucci abbia tradotto il nome di Lapo Gianni in Giovanni Lapo, invertendo nome e cognome, trovando noi in tutti i codici che sue rime hanno conservate, chiaramente scritto *Lapo Gianni*, coll' aggiunte di *notaio fiorentino*, ciò che non è contraddetto dagli storici e dai critici che di lui parlarono: il Quadrio, il Muratori, il Mazzucchelli, il Crescimbeni. E se il Poccianti, certo per badiale sproposito, scrisse Lapo Giannini, voglio che si consideri che egli conservò il nome, Lapo, variando il cognome da Gianni in Giannini. Due soli argomenti porterò per mostrare ch' egli ebbe nome Lapo Gianni e che Lapo fu il suo nome: i codici tutti, che designano sempre prima il nome, poi il cognome, e troviamo sempre scritto, ad esempio, Guido Cavalcanti, Guido Orlando e mai Cavalcanti Guido, Orlandi Guido, poi che Lapo fu nome notissimo e comune nel secolo XIII e nello scorcio del XIV, avendo notizia, oltre del Gianni, di Lapo Farinata degli Uberti, padre di Fazio, di Lapo Saltarelli, per tacere di altri. E da queste considerazioni una *terza* naturalmente ne scaturisce ed è che i poeti, tutti *fedeli d'amore*, si chiamavano sempre per nome, cosa che, del resto, generava confusione (1), e mai si chiamavano per cognome. Lapo dissero Dante e il Cavalcanti (2), e non Gianni, come l'Alfani mise il suo nome in un sonetto al massimo Guido, Gianni e non Alfani (3). Ma su questo non insisto, parendomi cosa sì evidente che non bisogna punto di dimostrazione. Capisco che l'avere fra i poeti del dolce *stil nuovo* un Gianni Alfani e un Lapo Gianni

(1) La confusione dei due Guido, spècialmente, **Orlandi** l'uno **Cavalcanti** l'altro, che molti sonetti si scambiarono fra di loro.

(2) Son. *Se vedi amore assai ti prego ecc.;* — *Guido vorrei ecc.*

(3) Son. *Guido, quel Gianni che a te fu l'altr'ieri.* Anche il **Cavalcanti** in quel mottetto: *Gianni, quel Guido, salute ecc.*

possa far credere che i due Gianni siano nomi, non co-
gnomi, ma a chi consideratamente l'esamini, tosto parrà
chiaro che ciò che in uno è prenome nell'altro è nome.
Maggior importanza merita l'altro quesito se Lapo o
Lappo o Lippo avesse nome il notaio fiorentino.

Dei codici da me visti non v'è che il Magl. VII, 991
che abbia la lezione *Guido i vorre che tu Lippo ed io*:
tutti hanno Lapo, pochi, nonostante l'asserzione del dottissimo Witte (1), Lappo. Il Renier (2), con quell'acume
critico che gli è proprio, notando che dal Cod. Bologna
e dal Vaticano 3214 il Casini trasse un sonetto doppio
di Dante indirizzato a Lippo, dice, e con ragione, che
questa variante può dar da pensare. Che il notaio fiorentino avesse nome *Lippo* e non *Lapo* (3)?

Per rispondere direttamente a quest'obbiezione, è
necessario che raccogliamo anche l'altra variante che il
celebre Carlo Witte ha notato, cioè che i codici leggono
Lappo e non *Lapo* nel Sonetto *Guido io vorrei*, e procuriamo di raccogliere quante prove od indizii varranno
a rassicurarci sul nome di chi fu terzo nella eletta compagnia dei poeti fiorentini.

---

(1) **Witte**, *Dante Alighieri 's lirische Gedicthe*, Leipzig, 1856, Vol.
I, pag. 178.

(2) **Renier**, nella *Cronaca* del *Giornale storico della Lett. ital.*,
An. II, Vol. IV, fasc. 10-11, pag. 330-331. *Monna Lagia.*

(3) **Tommaso Casini**, *Di una poesia attribuita a Dante* in Giornale Stor. An. I, Vol. 2.° fasc. VI, 334-347. La poesia inedita è un sonetto doppio, tratto dal Codice Bologna, indirizzato ad un Lippo. Il **Casini** (343) opina che il Lippo fosse **Lippo Pasci de'Bardi**, di cui re-
stano tre sonetti nel Cod. Vaticano 3214. Cf. il **Manzoni**, *Il Cod. Vaticano* 3214 in *Rivista ecc.* pag. 89. Spero di aver tratta la prova dimo-
strante cui si debba attribuire il sonetto e chi sia il Lippo di 'cui si par-
lasi. Nel medesimo articolo il **Casini** inserisce un frammento di canzone,
che non credo sia di Dante, non ostante l'autorità di due codici.

Se il solo cod. Magl. VII, 991 avesse la lezione *Lippo*, quantunque pei codici Bologna e Vaticano 3214 la cosa *dia a pensare*, aspetteremmo che nuovi codici portassero nuova e miglior luce sulla questione: ma il più grave si è che non soltanto alcuni codici della *Vita Nuova*, ma bensì due ancora contenenti il sonetto del Cavalcanti *Se vedo amore*, e codici importantissimi leggono *Lappo*, e non *Lapo* (1). Dunque come potremo noi ragionevolmente risolvere questa questione che se è di poco momento può però interessare gli studiosi dell'antica nostra letteratura?

Io riconosco che i codici hanno, alle volte, spropositi così badiali che mostrano l'ignoranza dei copisti, ma però tal altre volte essi sono ottime raccolte, fatte con buoni criteri e con buoni intendimenti critici. Gli errori principali, quindi, saranno quelli che provengono o da mal interpretazione del testo da cui si riproduce o da spropositi ortografici. Facilissima cosa, però, scrivere *Lappo* invece di *Lapo* (tutta la differenza consta in un raddoppiamento, arbitrario, forse, d'una consonante) e da chi derivava da un codice avente *Lappo* può benissimo *aver fatto Lippo*. Io sono il primo ad esser convinto *della* fede che si deve prestare ai testi inediti di antiche rime, ma non una fede cieca, appoggiata soltanto sull'autorità del codice che si ha a mano. O perchè uno legge *Lippo* dovremo, sol perchè è autorevole testo a penna, seguire la sua lezione? Ma autorevole è anche il Magl. VII. 7, 1208 e a carte 116 ha questa intestazione: *Ser Lapo*

(1) Vedi *Le rime di G. Cavalcanti* a cura dell'**Arnone**, pag. 61. I codici che hanno *Lappo* sono il Laur. XC, inf. 37 del sec. XV e il Marc. IX, CLXXXXI, appartenente al sec. XVI, e precisamente al 1513. Di questi codici vedine la descrizione dell'**Arnone** stesso a pagg. XXVIII-XXXIV, e pagg. LVII-LIX. L'**Arnone** però ha scelta la lezione del Codice Chigiano, L. VIII. 305.

Gianni deglialfani, e sotto a questo nome il sonetto *Quanto più mi disdegni più mi piaci*, che è certamente dell'Alfani; avremmo noi il coraggio, sull'autorità di questo codice di far il Gianni e l'Alfani una sola persona? E badate che la loro opera artistica, non suona contraddizione, ma anzi tutt'altro (1).

Due indizii stanno, per me, a provare che il nome del notaio fiorentino fu veramente Lapo Gianni. Ho mostrato più sopra erronea l'opinione del Nannucci che il nome vero fosse Giovanni Lapo o Lappo, ora io noto che di altri Lapo abbiamo memoria che vissero nel secolo XIII, e di alcuni poeti che ebbero questo nome: ora ci siamo mai sognati di chiamar Lappo il Saltarelli, e Farinata degli Uberti? Quest'ultimo, almeno, l'hanno detto Lupo, ed è facile cambiare in *u* un *a*: ed anche questo prova più plausibile essere il nome di Lapo (2).

Il secondo indizio io lo traggo dai codici che io ho esaminato e di cui più avanti darò la nota, circa una ventina; codici che contengono rime di Lapo Gianni. Io credo di essere nel giusto, osservando come più facilmente i codici siano esatti nella trascrizione dei nomi d'autori che non nelle liriche. Ebbene: io ho consultati più di venti codici che hanno rime del Gianni, e non ne

---

(1) Il codicetto che ho più sopra ricordato, datomi dall'amico mio Dott. **Giovanni Bardera** e che io ho diligentemente, per mio uso, copiato, ha la canzone *Se quella donna che d'io tegno a mente* dell'**Alfani**, con questa scritta: *Joannis de Alfanis vulgo Lapo*. Il Cod. appartiene al sec. XV, e nella lezione abbastanza corretto: sarebbe forse anche questo un argomento per concludere che il **Gianni** e l'**Alfani** sono una persona sola?

(2) Il Cod. 2448 dell'Università bolognese ha col nome di **Lapo Farinata Uberti** il sonetto: *Guido, quando dicesti pastorella* (cart. 58 r.) e a cart. 58 a. la ballata: *Nuovo canto amoroso nuovamente*, col nome di **Lupo degli Uberti**. Il padre di Fazio, ebbe nome *Lupo* o *Lapo*.

ho trovato nemmeno uno che scriva diversamente il nome di Lapo. Solo il cod. Chigiano citato ha una volta sola, nella sezione dei sonetti, un sonetto coll'intestazione: *Ser Lapo*. Non voglio certamente concludere che il sonetto appartenga al nostro, ma voglio che si noti come anche senza speciali attribuzioni del cognome si trovi sempre scritto Lapo, mai Lippo, mai Lappo.

Del resto poi, se io dovessi propendere ad accettarne alcune di queste varianti, accetterei piuttosto la lezione Lappo, mai però Lippo, parendomi che la raddoppianza della consonante *p* in Lapo non sia un fuor d'uso improbabile, non desistendo però dalla mia osservazione che le intestazioni dei Codici da me visti hanno sempre Lapo, mai Lappo. Che se il dottissimo Witte vide Lappo *in* molti codici, non trovò mai, ch'io mi sappia, Lippo, come il Cod. Magl. VII, 991 o il Cod. Bologna e Vat. 3214. Però, riassumendomi, mi pare che così possa concludere: Respingo affatto l'opinione del Nannucci che, il nome fosse Giovanni Lapo, essendo certo che Lapo è nome *non* cognome: respingo l'altra variante *Lippo*, che tre *codici* hanno, opinando che pel Magl. si tratti di errore *di copista*, per gli altri due il Lippo, cui si rivolge Dante non è il Gianni, forse il De Bardi: credo più supponibile la lezione Lapo, ma non posso però assolutamente respingere la variante Lappo cui il Witte, l'Arnone, ed anche il Nannucci accennarono, parendomi che entrambe si possano sostenere e che siano varianti di così poco conto da non mettere per questo il campo a rumore (1).

(1) Per la gentilezza del Cav. **Luigi Frati**, bibliotecario della Comunitativa di Bologna, ho potuto esaminare i fogli del povero **Bilancioni** che là si conservano. Ivi non solo ho trovate e trascrizioni ed indizi sui codici che hanno rime del Gianni, fra i quali codici, uno a me allora sconosciuto, importantissimo, il Cod. Rossi nella Trivulziana, (cart. 98-101) ma ho potuto notare che tutte le trascrizioni da lui fatte hanno sempre *Lapo Gianni*, mai *Lappo*, mai *Lippo*.

Respingo poi, l'ipotesi, che la donna del Gianni fosse una Lagia, e la respingo tanto più perchè le obbiezioni del dotto Renier meritano qualche peso, e mi auguro che presto parli degli amori del Cavalcanti, desiderando di conoscere quali siano i suoi apprezzamenti sulla Lagia e sulla Vanna di Filippo, chi egli dice: *troppo Giovdnna della Beatrice perchè non dia a sospettare* (1). Sarebbe anche stato a ricercarsi che egli fosse e se fosse veramente notaio fiorentino, come i codici danno, ma questa è opera che non è da me. Osservo però che anche il Del Lungo nei suoi studi e nei *Documenti* per la cronaca di Dino Compagni, non parla mai, di Lapo notaio fiorentino. Se non abbiamo potuto precisare chi fosse, ci basti almeno aver toccate le questioni che sorgono sul suo nome, dalla soluzione delle quali è risultato che egli ebbe nome Lapo o Lappo Gianni, che amò, ma non certo una Lagia.

X.

Il testo delle rime di Lapo Gianni, è ancora da stabilire con precisione, onde, proponendomi di studiare le opere di questo insigne rimatore, cercai, quanto potei codici e stampe, servendomi, per queste ultime delle indicazioni che ne dà lo Zambrini, nella sua celebre opera sulle stampe dei secoli XIII e XIV (2). Confrontai quindi, codici e stampe e testi, confronti che un giorno pubblicherò, procurando così una edizione delle rime di Lapo.

E così, riassumendo, abbiamo trovato i seguenti codici contenenti rime del Gianni:

1.° **Vaticano 3214**, di cui il Manzoni pubblicò l'in-

---

(1) *Giornale storico* citato.
(2) **Zambrini**, *Op. Vol. a stampe* ecc. Bologna 1878, 4ª ediz. e *App.*

dice e le rime inedite nella *Rivista di filologia romanza.*
È copia di un codice assai più antico, fatta con molta probabilità sul finire dei XV e sul principio del XVI secolo,
e contiene quasi tutti i rimatori della scuola toscana.

2.° **Vaticano 3213**, scritto nel medesimo tempo che
il Vat. 3214. Appartenne a Fulvio Orsini e contiene una
raccolta di poeti toscani, procedente dai Codd. Mediceo
Laurenziano pl. XC, 37 e Palat E. 5. 5. 43. Fu descritto
da Sebastiano Ciampi in una *Lettera all'eruditissimo Sig.
Gaetano Poggiali, in cui si da notizia di alcuni miss.
di rime antiche* (Pisa, 1809) (1).

3.° **Magliabec.** VII, 7. 1208, frammento di trent'un
fogli, appartenenti ai fogli 90-120 del codice intero. Appartiene al secolo XV, ed ha una raccolta di poeti meridionali, toscani e bolognesi. Certamente il Codice intero
era di grandissima importanza, a giudicare da questo scarso
frammento. Apprendo dal Casini *(Rime di poeti bolognesi
ecc. pag. XII, nota I)* che il dott. V. Fiorini attende alla
pubblicazione di questo frammento di canzoniere.

. 4.° **Magliabec.** VII, 8. 112, appartenente forse *alla*
seconda metà del secolo XVI; non ignobile *raccolta di*
rime antiche, procedente dalle raccolte medicee.

5.° **Riccardiano 2846**, importantissimo Codice e per
l'età cui appartiene (secolo XV, essendo una copia da un
libro del Borghini) e per la svariata quantità di rime che
contiene. Fu tutto scritto di mano di Pier del Nero, il
quale all'ultima carta scrisse questa nota: *Finito addì 24
d'Ag. 1581, copiato da un libro di Don Vincenzo Borghini onorata memoria, dov'erano le presenti rime fra*

---

(1) Di questo codice tennero parola il **Fanfani**, nella prefazione alle
rime di *Cino da Pistoia* (Pistoia. Nicolai 1878) a pag. LXXXVII, e il
Carducci nella sua raccolta delle *Rime di Matteo di Dino Frescobaldi*,
Pistoia, 1866, pag. 7.

le stampate dalli autori antichi da' Giunti nel 1527 et ho voluto mantenere la scrittura nel modo ch' era in quella anchora ne' manifesti errori. Procedeva però dalle raccolte del Bembo e dal Brevio. Il Casini l'illustrò diligentemente nel *Giornale storico della lett. It.* coi *Testi di rime antiche,* confrontando colle stampe de' Giunti. Non abbiamo notizia del manoscritto del *Borghini:* forse potrebbe anche essere fra i codici venduti dal Libri a lord Ashburnham e precisamente le *Rime di poeti antichi* di cui al *Catalogue of the manuscripts at Ashburnham Place* (Codici Libri, num. 479) si dice che *plusieures pièces sont écrites de la main de V. Borghini* (1).

6.° **Palatino E, 5. 5. 43,** descritto da Francesco Palermo al num 204 (2). Procede dalla raccolta di *Lorenzo de' Medici* di cui qui sotto diremo. Il Codice appartiene al XVI secolo, e contiene una buona scelta di rimatori e poeti toscani, di ben pochi meridionali e del Guinicelli.

7.° **Mediceo Lauren.** pl. XV inf. 37. È una copia della raccolta Medicea, e perciò quasi identico al codice Palatino sopraccitato. Il Bandini (3) ne diede una minuta ed esatta descrizione. A questa raccolta del Magnifico Lorenzo accennarono anche il Carducci (Poesie di L. de M. *Barbera,* 1859, XIII) e lo Zeno, *Lettere,* (Venezia 1875, Vol. VI, lett. 1163).

8.° **Codice Pucci,** di cui il Fiacchi si servì per la sua *Scelta di rime antiche inedite di celebri autori toscani.* Il codice apparteneva al secolo XIV ed era di grandissima importanza.

(1) Il **Casini,** a pag. X-XI del citato suo libro diede la nota dei codici Pucci venduti dal Libri a lord Ashburnham, alla quale noi mandiamo il lettore.

(2) **Palermo,** *I manoscritti palatini ecc.* Vol. I, pag. 263 e seg.

(3) *Catalogus codicum manuscript biblioth. medic.-laurentianae.* Florentiae, 1778, Vol. 5°, pag. 435-448.

9.° **Chigiano** L. VIII. 305, uno dei più importanti codici di rime dei primi due secoli, sia per l'età cui appartiene, sia per la copia delle rime che egli contiene. Fu rivelato dal Bartsch (1) che ne pubblicò una minuta descrizione, poi fu pubblicato diplomaticamente dal Monaci e dal Molteni (2). Appartiene al secolo XIV, forse agli ultimi anni, e contiene una bella scelta di rime toscane, ed alcune dei meridionali. Il codice però si apre con delle Canzoni di Guido Guinicelli.

10.° **Marciano** IX, 292, Vedi al N. 13.

11.° **Barberiniano** XLV, 47, del quale abbiamo una bella descrizione fatta da Giulio Navone, nella prefazione alle rime di Folgore da San Gemignano e di Cene della Chitarra (3). Fu scritto da più mani e in diversi tempi, del secolo XIV, cioè alla seconda metà del secolo XVI. Credo che il Dott. Albino Zenatti si occupi della pubblicazione di questo codice, per verità importante per gli studi della poesia antica.

12.° **Codice 1289 dell'Università di Bologna**, descritto già da Nicola Arnone, nel suo volume sul *Cavalcanti*, come unico codice, esistente nella Università bolognese, che contenesse rime del *massimo* Guido (4). È cartaceo, scritto da mani diverse, in vari tempi, in diverse qualità di carte, ma opera però del secolo XVI. Ha una raccolta di *Rime antiche*, fatta sui testi del Bembo e del Brevio assai copiosa, e, almeno per la lezione, non molto diverso dal Cod. Riccard. 2846, già più sopra descritto.

(1) *Beitrage zu den romanischen litteraturen* in **Lemcke** Jahrbuch *für roman. und englis. literatur.* Vol XI, pag. 127.

(2) *Propugnatore* 1876-1877.

(3) Bologna, Romagnoli 1880. pag. XI-XV.

(4) Falsa è quest'asserzione dell'**Arnone**. Anche il Bol. 2448 e il 1739 hanno rime del **Cavalcanti**.

Simile a questo Cod., doveva essere il **Codice Alessandri**, ora perduto (1), il quale procedeva dai soliti testi del Bembo e del Brevio e conteneva molte cose che qui pure si contengono.

13.° **Codice Bartoliniano**, ora sventuratamente perduto, ma rappresentato però da cinque copie (2), e cioè: **Codice 2448 dell'Un. di Bologna** già 33 della biblioteca dei Padri di S. Salvatore: 2.° **Marciano 292 cl. IX**, da noi più sopra citato: 3.° **Codice Rossi nella Corsiniana di Roma n. 94**: 4.° **Codice XIV, II. 16 della Nazionale di Napoli** e infine il **Codice 37 della Civica di Bergamo** (3). Questi codici sono copie di una copia del famoso libro Bartoliniano, ed hanno tutte il seguente titolo: *Rime antiche di diversi Authori copiate con diligenza da un libro scritto di mano dell'abbate M. Lorenzo Bartholini havuto in Fiorenza da M. Bartholini suo nipote di Xmbre MCLXIIII.* Una bella, sebbene rapida, descrizione la diede il Casini nel suo libro citato, e a quello rimandiamo per le opportune notizie.

14.° **Codice Parigino,** (classe italiana, num. 554) già descritto dal Marsand. È una copia della raccolta aragonese, ordinata da Lorenzo de' Medici, simile, pel contenuto, se non per la disposizione delle rime, ai codici da noi descritti ai num. 6 e 7.

15.° **Codice Rossi** nella **Trivulziana.** Buona raccolta di rime fatta nel secolo XVI, copiosissima quant'altra mai.

Il 1° (Vaticano 3214) può stare da sè: è una raccolta di rime, copiata da un codice nel principio del cin-

_____

(1) Lo descrisse il **Fiacchi**, *Scelta* ecc. pag. 3 e seg.

(2) *Cinque*, non *quattro*, come asserisce il **Casini** *(Op. cit.* XV-XVI).

(3) Questo Codice, scritto da **Pierantonio Serassi**, fu descritto dal **Renier**, *Liriche di Fazio degli Uberti*, Cap. VI, a.

quecento, ma il Codice è assai più antico, e così dicesi del IX (1).

Dalla raccolta medicea procedono i codici II, VI, VII, XIV, avvertendo che il II ha qualche rimatore di più (come il Tebaldi e il Frescobaldi M.). Dai soliti testi del Bembo e del Brevio procedono i codici V, X, XII, è quelli della raccolta Bartoliniana: Dei codici III, IV, VIII, XI, non abbiamo notizie (2).

E qui noi dobbiamo passare alla bibliografia delle stampe, resaci assai più facile dall'insigne Comm. Zambrini, grazie al suo volume sulle *Opere Volgari a stampe*. Non vogliamo però illustrare o descrivere le stampe, ma soltanto accennarle, essendo del resto note alla maggior parte dei lettori.

I. *Sonetti e canzoni di diversi antichi autori toscani in dieci libri raccolti*. Impresso in Firenze per li heredi di Philippo di Giunta nell'anno del Signore MDXXVII, e di VI del mese di Luglio. Ristampato poscia in Venezia (1532) ed in Firenze, (Agosto 1727).

II. *Poeti antichi raccolti da' Codici Mss. della Biblioteca Vaticana e Barberina da Monsignor Leone Allacci*. In Napoli per Sebastiano d'Alecci, 1661.

III. *Poeti del primo secolo della lingua italiana, in due volumi raccolti, Firenze 1816*. È la raccolta tanto nota fatta dal Valeriani e dal Lampredi, di cui il Monti disse tanto male.

IV. *Istoria della volgare poesia* di Gio. Mario Crescimbeni, Venezia, Basseggio, 1731.

V. *Rime antiche. Scelta di rime antiche inedite di*

---

(1) Il **Caix** *(Origine* ecc. pag. 18) credo che questo Codice proceda dal Palatino 418, cosa che a me non pare proprio inverosimile.

(2) La relazione geneologica di questi antichi testi la darò nella mia edizione delle rime di Lapo, che spero di presto pubblicare.

celebri autori toscani, l' opera dei quali sono citate nel Vo-cabolario della Crusca, Firenze, Borgognissanti 1812.

VI. *Raccolte di rime antiche toscane.* Palermo, per Giuseppe Assenzio.

VII. *Manuale della letteratura del primo secolo della lingua italiana,* compilato dal Prof. Vincenzo Nannucci, Firenze 1837 poi 1856-60 e 1874.

VIII. *Cantilene e ballate, strambotti e madrigali dei secoli XIII e XIV,* a cura di Giosuè Carducci. Pisa, tipografia Nistri, 1871.

IX. *Il Canzoniere chigiano LVIII,* 305, pubblicato a cura di E. Monaci e E. Molteni, Bologna, tipografia Fava e Garagnani, 1877.

X. *Poesie di alcuni antichi rimatori toscani.* Roma, presso Benedetto Francesi, 1774 in 8. Sono inserite nel-l'opera: *Anecdota litteraria ex mss. Codicibus eruta* ecc. Lo Zambrini avverte *(Op. volg. a stampe,* 4ª ed. 1879, Coll. 818), che di questa pubblicazione si fecero alcuni estratti, di cui però io non potei aver notizia.

XI. *Scelta di poesie liriche dal primo secolo della lingua fino al 1700.* Firenze, Le Monier 1839.

XII. *Lirici del primo e secondo secolo della lettera-tura italiana.* Venezia, Andreola 1819-1820, di voll. IV.

XIII. *Lirici del secolo primo, secondo e terzo, cioè dal 1190 al 1500.* Venezia, Antonelli, 1846 in 8° gr., con una tavola figurata in rame.

XIV. *Florilegio dei lirici più insigni d' Italia, prece-duto da un discorso di Paolo Emiliani Giudici.* Firenze, poligrafia italiana, 1746 in 8.°

XV. *Rime inedite tratte del Canzoniere Vaticano 3214.* Importantissima pubblicazione, inserita nel volume primo della Rivista di filol. Romanza, dovuta al conte Luigi Manzoni, il quale pubblicò l'indice delle rime e una forbita descrizione del Codice, e le rime inedite.

7

XVI. *Rime di Lapo Gianni, poeta italiano del secolo XIII, Saggio d' una nuova edizione per cura di Giacomo Tropea.* Roma, Pallotta fratelli 1872.

Queste sono le principali stampe delle rime del notaio fiorentino. Dico principali, perchè alcune sue rime, o attribuite a lui si trovano qua e colà pubblicate, e sto per dire quasi disperse. E così, per essere, per quanto io mi possa almeno, esatto, noterò come rime di Lapo, quelle pubblicate ancora a pag. 282 e seguenti del fasc. XVII, del tomo VI degli *Opuscoli religiosi, letterarii e morali*, stampati a Modena dagli Eredi Soliani nel 1859. E così altre rime del Gianni si pubblicarono a pag. 5 e seguenti della *Appendice al libro : Rime di Dante Allighieri e di Giannozzo Sacchetti* edito, Firenze, (Gallileiana 1858), e così finalmente nell'opuscolo *Una canzone d' amore del secolo decimoterzo*, Imola, Tip. d'Ignazio Galeati e figlio 1874, il Prof. Ernesto Monaci pubblicò la Canzone *Amore io veggio ben che tua virtude Che. m' innamora così coralmente* ecc., togliendola dal Codice Chigiano L. VIII, 305, dove sta dopo le rime di Lapo e prima delle rime di Dino Frescobaldi, ma però senza nome d'autore. Nei codici che io ebbi occasione e bisogno d'esaminare io non trovai queste canzone, nè con altra attribuzione, ma però non mi persuade il Monaci, quando opina che essa più facilmente che al Gianni appertenga piuttosto al Frescobaldi, parendomi questa una infondata ipotesi senza che alcun giusto criterio la sostenga. Di ciò parleremo più innanzi, quando tratteremo il testo delle rime di Lapo.

Di rime veramente inedite del Gianni non ne ho trovate: alcune stampate e assai rare, come la canzone stampata dal Monaci e da lui illustrata: insieme all'altra che sta pur nel Chigiano *E tu martoriata mia sentenza* formano ciò che inedito si può riputare, essendo esse stampate soltanto col codice. D'altre rime, inedite affatto, non ho avute notizie, e sarò grato a chi, conoscendone, voglia avvertirmi ove esse si trovano (1). Il Bilancioni parla nei suoi spogli di un sonetto attribuito al Gianni dal Cod. Laurenz. 49, palch. 40, sonetto che si trova senza nome d'autore nel Cod. Chigiano fog. 114, ma anche questo non può dirsi inedito, essendo stato stampato nella riproduzione del Codice. E così si dica d'un frammento di canzone che il Nannucci (1, 257) trasse da un Cod. Magl. Strozziano palc. r. cl. VII, canzone che dal cod. Vat. 3214 fu attribuita e stampata in Giovanni dall'Orto.

Ed ora passiamo al testo delle rime di Lapo Gianni, parendomi di avere sufficientemente parlato delle edizioni che contengono sue rime, e dei codici, non molti davvero, che pervennero alla mia cognizione, e perciò potei, con ogni diligenza, esaminare e confrontare.

Diciotto sono i componimenti lirici che ho trovati di lui, la maggior parte a stampa, ed alcuni altri, benchè pochi, segnati ed a lui attribuiti da codici di maggiore o minore autorità. Riserbandomi a dare un cenno sulla maggiore o minore probabilità di queste rime, ora io passo a scriverne i capoversi, aggiungendovi sotto i codici in cui furono da me trovati: noterò soltanto che non avendo notizia del Cod. pucciano io stetti coll'autorità del Fiacchi, il quale di quel codice grandemente si servì per la sua pregiatissima *Scelte di rime antiche inedite di celebri autori toscani:*

1.° *Amore io chero mia donna in domino, Sonetto doppio,* resta nel solo Cod. Barberiniano XLV. 47.

(1) Anche la canzoncina: *Siccome i magi a guida della stella* si può reputare quasi inedita, essendo stata pubblicata solo dal **Manzoni** *(Riv. Filolog. Rom.* I. 47) insieme alle cose inedite del *Cod. Vatic.* 3214. Il **Bartoli** accenna *(Stor. della lett.* IV, pag. 4) a questa canzoncina, non però alla altra *E tu martoriata mia sentenza* che non vide conservarsi nel Chigiano L, VIII, 305 e Bol. Univer. 1289.

2.° Amore io non son degno ricordare, *Ballata*, resta nei codd. Vat. 3214; Ricard. 2846; Magliab. VII, 7. 1208; Chigiano L, VIII. 305. Codice **Rossi.**

3.° Amore io prego tua nobilitate, *Ballata*, resta nei codd. Vat. 3214; Riccard. 2846; Magliabec. VII, 7, 1208; Chigiano L, VIII, 305.

4.° Amor nuova ed antica vanitate, *Canzone*, ricordata nel Cod. Riccard. 2846 come di Lapo perchè stampata nel libro IX della raccolta Giuntina, resta nel codice da me visto nel solo Chigiano L, VIII, 305. Cod. **Rossi.**

5.° Angelica figura nuovamente, *Ballata*, codd. Vatic. 3214; Riccard. 2846; Chigiano L, VIII, 305. Cod. **Rossi.**

6.° Angioletta in sembianza, *Ballata* codd. Vatic. 3214; Riccard. 2846; Chigiano L, VIII, 305.

7.° Ballata, poi che ti compose amore. *Ballata*, codd. Riccard. 2846; Chigiano L, VIII, 305 e Vaticano 3214.

8.° Dolce è il pensier che mi nutrica il core, *Ballata*, codd. Riccard. 2846; Vatic. 3214; Vatic. 3213; Palatino 204; Magliabech. VII, 1208; Chigiano L, VIII, 305 e Marciano IX, 292. Quest' ultimo codice, è uno di quelli che procedono dalla raccolta Bertoliniana, ma io lo catalogai a parte, perchè egli contiene qualche piccola cosa che gli altri codici Bertoliniani non hanno, esempio questa ballata che il Bolog. Univ. 2448 non ha e così il Cod. XIV, II. 16 della Naziònale di Napoli. Cod. **Rossi.**

9.° Donna se il prego de la mente mia, *Canzone*, codd. Riccard. 2846; Chigiano L, VIII, 305 e Bolognese 2448, e nei codd. Bartoliniani. Cod. **Rossi.**

10.° Gentil donna cortese e di bon' aire, *Ballata*, resta nei codd. Riccard. 2846; Vaticano 3114; Vaticano 3213; Palatino 203; Chigiano L, VIII, 305; Marciano IX, 292. (Vedi ciò che dicemmo al num. 8). Cod. **Rossi.**

11.° Nel vostro viso angelico amoroso, *Ballata*, codd. Riccardiano 2846; Vaticano 3214; Chigiano L, VIII, 305; Magliabech. VII, 8. 112; Bolognese Univers. 1289.

12.° Novelle grazie alla novella gioia, *Ballata*, codd. Riccard. 2846; Vatic. 3214; Chigiano L, VIII, 305.

13.° Questa rosa novella, *Ballata*, codd. Riccardiano 2846; Vatic. 3214; Chigiano L, VIII. 305; Bolognese Univ. 2448, è però nei codd. della raccolta Bartoliniana.

14.° Siccome i magi a guida della stella, *Ballata*, codd. Vatic. 3214 e Bolognese Univers. 1283.

15.° Io sono amor che per mia libertade, *Ballata*, codd. Riccard. 2846; Magliabec. Palat. 204; Chigiano L, VIII, 305; Magliabech. VII, 7. 1208; Vatic. 3213; Marc. IX, 292. (Per questo codice vedi ciò che abbiam detto più sopra). Cod. **Rossi.**

Questo è il patrimonio di Lapo Gianni, pubblicato sotto il suo nome, o a lui almeno attribuito dalle stampe, senza alcun dubbio d'autenticità. Oltre a questi quindici componimenti ne abbiamo altri tre che noi riputiamo del notaio fiorentino e sulla cui autenticità discuteremo più sotto. Essi sono:

16.° O morte della vita privatrice, *Canzone*, codd.: Riccard. 2845; Chigiano L, VIII. 305; Pucci, di cui non abbiamo notizia; Vatic. 3214; Magliabech. VII, 8. 113; Bolog. 2446. Cod. **Rossi** (1).

17.° Amore, io veggio ben che tua virtute, *Canzone*, da me trovata nel solo codice Chigiano L, VIII. 305, senza nome d'autore dopo le rime di Lapo Gianni, e quelle del Frescobaldi, D.

18.° E tu, martoriata mia sentenza, *Canzone*, codd.: Bolognese Univ. 2448 e nel Chigiano L, VIII. 305.

Resta ora a vedere se e con quale certezza si pos-

(1) Il primo che diede questa canzone a **Cino** fu l'**Allacci**, e poscia il **Carducci**, il **Fanfani.** Il **Ciampi** non la comprese però nella sua edizione di **Cino.** Il **Fiacchi** la diede al **Gianni** sulla autorità del *Codice Pucci.* (Vedi *Scelta di rime antiche* ecc.).

sano accettare tutte queste rime per opere di Lapo Gianni,
o se piuttosto qualche cosa si debba porre in quarantena,
aspettando che nuovi codici vengano a portar miglior luce.

Adolfo Bartoli, nella sua dottissima storia della letteratura italiana, pare che dubiti che il sonetto doppio
Amor, io chero mia donna in domino appartenga al Gianni,
il quale sonetto doppio fu primieramente pubblicato dal
Crescimbeni, e in nota il Bartoli aggiunge: dubito, perchè
non l'ho trovato altro che nel codice Barberiniano XLV.
47 (1). Non mi pare che ciò si possa mettere in dubbio, e
avuto riguardo alla autorità del codice da cui è riportato,
e per lo stile in cui è scritto, che ci addimostra come
sia opera d'un rimatore toscano del primo secolo. È vero
che il genere di questo componimento si ricollega col
gaio Folgore da San Gemignano, ma si può ritenere o un
esercizio ben riuscito del notaio fiorentino, o un saggio
giovanile d'imitazione, forse, da Folgore, fatto quando non
s'era ancora ingolfato nel dolce stil nuovo. Comunque,
non mi pare argomento abbastanza serio che, perchè non
non si trova altro che in un codice, quantunque autore-
volissimo, si debba dubitare non appartenga a Lapo Gianni.

Perciò facilmente passo sopra alle altre rime, *ai se-
dici primi componimenti* cioè, i quali, dal più al meno,
appartengono tutti ai codici Chigiano, Riccardiano, Palatino e Vaticano, a tacer de'minori, sulle quali rime,
trovandosi esse in questi autorevolissimi codici, non è
dato dubitare. Sulla canzone *Siccome i magi a guida
della stella*, potrebbe restar qualche dubbio, considerando

(1) **Bartoli,** *Storia* IV. 6. Il **B.** nota che Lapo qui si congiunge al
Gaio Folgore: l'insigne uomo par che dimentichi il Faytinelli, cui pure si
accosta. Vedi uno studio di **Egisto Gerunzi** nel *Propugnatore*, fasc.
VI, su *Pietro Faytinelli e il moto d'Uguccione*, articolo non insignificante,
ci pare.

come essa rimanga, o meglio sia stata trovata da noi in soli due codici, ma voglio che meco si consideri che oltre al Bol. Univ. 1289, che procede dalle ottime raccolte del Bembo e del Brevio resta nel Vaticano 3214, che è una copia fatta sul principio del secolo XV da un libro assai più antico, e però di indiscutibile autorità.

Passerò piuttosto a dir poche cose sulla canzone *O morte della vita privatrice*, intorno a cui la critica non ha ancor detto l'ultima parola, ed in alcune stampe va sotto il nome di Cino da Pistoia, a lui per prima attribuita, secondo alcuni codici, dall'Allacci, poi dal Carducci e dal Fanfani. — È indiscutibile che alcuni codici, e di non poca importanza, non attribuiscano questa canzone a Cino da Pistoia, ma mi pare che maggiori ragioni militino per farla credere opera di Lapo Gianni, al quale diedela il Fiacchi, appoggiandosi alla autorità del codice Pucci, che noi conosciamo per la diligente descrizione da lui lasciatene. Ma oltre il codice Pucci noi abbiamo i migliori testi a penna che contengono rime di Lapo Gianni che a lui l'attribuiscono, e questi sono il Chigiano L. VIII. 305; il Riccardiano 2846; il Vaticano 3214, tutte raccolte rarissime di rime, la cui grandissima autorità non si può certo mettere in dubbio, onde mi pare che questa canzone si possa togliere dal testo di Cino ed ascriverla al Gianni, cui veramente appartiene.

E qui debbo lamentare come il diligentissimo ed eruditissimo Bartoli sia caduto in tante inesattezze parlando del testo delle rime di Lapo Gianni. Anzitutto male spogliò il codice Chigiano L. VIII. 305, avendo egli trovato in quel codice tre sole ballate, mentre ha una copiosissima raccolta di rime di Lapo, copiosa quanto il Riccardiano 2846 e il Vaticano 3214. Se egli, nello spoglio di codici, avesse tenuto sott'occhio il codice Chigiano si sarebbe accorto che dodici sono i componimenti da lui ci-

tati i quali sono contenuti in quel codice, non tre, e se
avesse proceduto nelle ricerche avrebbe trovato che, anche
non accettando come opera di Lapo la canzone *Amore, io
veggio ben che tue virtute*, edita dal Monaci, il Chigiano
ha la canzone *E tu martoriata mia sentenza*, la quale
resta ancora nel Bolognese, 2448, codice che egli deve
avere esaminato, quantunque non esattamente, citandolo
egli spessissimo nell'indice delle rime di Cino da Pistoia.
E così la ballata *Siccome i magi a guida della stella*,
edita dal Manzoni sotto il nome di Lapo Gianni, non resta
soltanto nel Vaticano 3214, ma altresì nel Bolognese 1289,
codice di cui il Bartoli s'è pur servito per le rime di Cino.

Se il Bartoli avesse attentamente esaminato i codici
che contengono la canzone *O morte della vita privatrice*,
attribuendola a Cino, avrebbe visto che la più parte dei
codici che hanno questa canzone la danno a Lapo Gianni,
al quale è attribuita non soltanto dal Vaticano 3214, dal
codice Pucci e dal Magliabechiano VII, 8. 113, ma altresì
dal Riccardiano 2846 e dal Chigiano citato, onde non doveva dire che questa canzone può lasciar molto dubbio
(IV, 75), ma apertamente negare che a Cino da Pistoia *fosse*
da attribuirsi. Egli non ha trovato in nessun codice la
canzone: *Amor, nuova ed antica vanitate*, ma soltanto
forse nel IX della Giuntina. Nel Riccardiano citato però
(2148) si legge in testa alle rime del Gianni che di lui resta
una canzone stampata al libro IX della raccolta Giuntina,
ma il codice Chigiano ha questa canzone chiaramente attribuita al nostro, che il Bartoli però non vide.

Io so bene che, considerando la mole dell'opera,
sono perdonabili molti errori, e volontieri passeremmo
sopra a queste inesatezze, se il Bartoli non si fosse pro-
posto di fare una storia veramente critica della nostra
letteratura, in cui principalmente è a desiderarsi l'esat-
tezza delle notizie, cosa che, almeno per la parte che noi

studiamo, non abbiamo in tutto trovata. Se preparando la
nostra edizione ci servivamo dei suoi appunti in quante
inesattezze saremmo caduti, inesattezze che non ci sarebbero
state perdonate e che sebbene abbiamo proceduto diligentemente non abbiamo in tutto evitate. A queste omis-
sioni, aiutati dalla critica, provvederemo, speriamo, nella
nostra edizione.

XI.

La quale edizione vorrei presto poter pubblicare, parendomi utile cosa dar fuori tutti i poeti dei primi secoli. Per ora mi sono limitato a raccogliere in queste pagine note ed appunti su Lapo Gianni: l'edizione, forse,
verrà, non molto tardi. Abbandono queste mie pagine alla
critica e attenderò tranquillo il suo giudizio. Intanto non
mi resta che a ringraziare chi mi soccorse di libri e di
conforti per questo mio scritto, e sono tanti che non posso
tutti ricordare. Ma soprattutto grazie al Comm. Francesco
Zambrini, che accolse questo studio, e mi fu largo di con-
sigli e d'aiuti; grazie al Dott. Giovanni Bardera, mio compagno di studi e giovane insigne e tanto modesto, che mi
soccorse di libri e di notizie. Volevo imprimere in fronte
a queste pagine un *Conamur tenues grandia* oraziano, ma
con sì validi appoggi, se la mia fu opera audace non fu
però condannabile.

Bologna 1884.